Bourdieu zur Einführung

Markus Schwingel

Bourdieu zur Einführung

JUNIUS

Meinen Eltern gewidmet

Junius Verlag GmbH
Stresemannstraße 375
22761 Hamburg

Umschlaggestaltung: Florian Zietz
Titelfoto: Suhrkamp Verlag
Herstellung: Das Herstellungsbüro, Hamburg
Satz: H & G Herstellung, Hamburg
Druck: Druckhaus Dresden
Printed in Germany 1995
ISBN 3-88506-915-6
1. Auflage 1995

Die Deutsche Bibliothek - CIP-Einheitsaufnahme

Schwingel, Markus:
Bourdieu zur Einführung / Markus Schwingel.
- Hamburg : Junius, 1995
(Zur Einführung ; 115)
ISBN 3-88506-915-6
NE: GT

Inhalt

Einleitung

Der französische Soziologe Pierre Bourdieu hat im Laufe seiner mittlerweile mehr als drei Jahrzehnte währenden Forschungstätigkeit ein Werk vorgelegt, das nicht allein in seinem erstaunlichen Umfang (ca. dreißig Bücher, mehr als zweihundert Aufsätze und Vorträge, ungezählte Interviews), sondern auch in seiner thematischen Vielfalt beeindruckend ist.

Wissenschaftlich erstmals in Erscheinung getreten ist Bourdieu gegen Ende der fünfziger Jahre mit Arbeiten zur Soziologie der sich unter dem Einfluß der Kolonialisierung wandelnden algerischen Gesellschaft.[1] Aus dem Forschungsaufenthalt in Algerien gehen auch seine ersten ethnologischen Studien hervor, in denen er u. a. Verwandtschaftsverhältnisse, die Zeiterfahrung, die Rituale des Gabentauschs, das Gefühl für soziale Ehre und die symbolischen Machtverhältnisse bei den Kabylen, einem Berberstamm im Norden Algeriens, untersucht. Mit der Analyse von Verwandtschafts- und Heiratsstrukturen seiner bäuerlichen Heimatregion des Béarn (in den Pyrenäen) dehnt Bourdieu wenig später seine ethnologischen Forschungen auf die eigene, die französische Gesellschaft aus. Ihren theoretisch weitreichenden Niederschlag finden die ethnologischen Arbeiten später in der *Esquisse d'une théorie de la pratique* (1972, dt.: *Entwurf einer Theorie der Praxis auf der ethnologischen Grundlage der kabylischen Gesellschaft)* und in *Le sens pratique* (1980, dt.: *Sozialer Sinn).*

Nach Paris zurückgekehrt, beginnt Bourdieu in den frühen

sechziger Jahren, das französische Bildungssystem und dessen Rolle bei der Reproduktion gesellschaftlicher Klassenverhältnisse zu erforschen. (IdCh, TsG, TuS) Parallel dazu entstehen die ersten soziologischen Studien zur Kunst und Kunstrezeption. (IK, SdsF)[2] Zudem veröffentlicht er gemeinsam mit J.-C. Chamboredon und J.-C. Passeron ein wichtiges Buch zu Methodenfragen, *Le Métier de sociologue* (1968, dt.: *Soziologie als Beruf*), in dem sich die wissenschaftstheoretischen Grundlagen soziologischer Erkenntnis formuliert finden, und zwar aus der Sicht von Wissenschaftlern, die bereits reichhaltige forschungspraktische Erfahrungen sammeln konnten.

In den siebziger Jahren stehen kultursoziologische und klassentheoretische Fragestellungen im Zentrum von Bourdieus Forschungsarbeiten, die, zum Teil in der von ihm im Jahre 1975 gegründeten und herausgegebenen Zeitschrift *Actes de la recherche en sciences sociales* vorveröffentlicht, in sein großes Werk zur Sozialstruktur Frankreichs, *La distinction. Critique sociale du jugement* (1979, dt.: *Die feinen Unterschiede*), einfließen.

Die Überlegungen zur – Bourdieus Wissenschaftsverständnis zufolge – unabdingbaren Selbstreflexivität der Soziologie werden von ihm nicht zufällig zur Zeit seiner Berufung ans Collège de France (1982), der prestigereichsten Forschungsstätte in der Hierarchie der französischen Bildungsinstitutionen, forciert. (Vgl. die Antrittsvorlesung *Leçon sur la leçon*, in: SRuK 49 ff.) In diesem Zusammenhang thematisiert Bourdieu auch die symbolischen Machtwirkungen, die mit (Sozial-)Wissenschaft verbunden sind, zumal dann, wenn diese, wie just seine Soziologie, höchste institutionelle Anerkennung erlangt. Forschungspraktisch umgesetzt wird das Programm einer selbstreflexiven Soziologie vor allem in den im *Homo academicus* (1984) publizierten empirischen Untersuchungen zur universitären Welt. Und politisch führt diese Thematik zur Begründung der kritischen Rolle, die den Intellektuellen innerhalb demokratisch verfaßter Gesellschaften zukommt. (Vgl. SuG, IuM)

Das Feld der Macht und die Reproduktion der herrschenden Klasse(n) sind Thema von *Noblesse d'État* (1989), einem Buch, das die herrschenden Positionen der schon in den *Feinen Unterschieden* analysierten Sozialstruktur Frankreichs genauer unter die Lupe nimmt und zugleich die frühen bildungssoziologischen Untersuchungen am Beispiel der Grandes Écoles fortführt. In jüngster Zeit sind, außer einem umfassenden Werk zum literarischen und künstlerischen Feld (*Les règles de l'art*, 1992), detaillierte Studien zum Leiden und sozialen Elend im gegenwärtigen Frankreich erschienen (*La misère du monde*, 1993).

Diese großen monographischen Werke des Bourdieuschen Œuvres werden durch eine Reihe von nicht minder interessanten kleineren Arbeiten ergänzt: ein den anderen Studien zur Politischen und zur Sprachsoziologie (WhS) thematisch nahestehendes Buch über Heidegger (PO); ein mit dem amerikanischen Soziologen L.D. Wacquant verfaßtes Werk, das auf Gespräche und gemeinsame Lehrveranstaltungen in Chicago und Paris zurückgeht und in dem Bourdieus Soziologie zum amerikanischen Diskussionszusammenhang in Beziehung gesetzt wird (Rep); die Dokumentation des Gedankenaustauschs, der zwischen Bourdieu und dem Künstler Hans Haacke über Kunst und Kulturpolitik stattgefunden hat (LE); und, last not least, zahlreiche, in den *Actes de la recherche en sciences sociales* und anderen Zeitschriften erschienene Aufsätze zur Religions-, Rechts- und Kunstsoziologie, zur Soziologie der Bürokratie, der Geschlechter- und Generationenverhältnisse, des Sports, der Mode, der Meinungsforschung u.v.a.m.

Über sein wissenschaftliches Engagement hinaus hat sich Bourdieu an manchen politischen Aktionen beteiligt, die in enger Verbindung mit seiner soziologisch entwickelten Auffassung von der Rolle des Intellektuellen in der modernen Gesellschaft stehen.

Nicht zuletzt diese Vielfalt seiner wissenschaftlichen und intellektuellen Betätigungsfelder macht Bourdieu über den Bereich der Soziologie hinaus interessant – und hat dazu geführt, daß seine Arbeiten auch in anderen Fachwissenschaften (Geschichte[3], Erziehungswissenschaft[4], Literaturwissenschaft[5]), in der Philosophie[6] und schließlich auch von einer breiten, an soziopolitischen Fragestellungen interessierten Öffentlichkeit zur Kenntnis genommen werden.

Freilich stellt sich der raschen Rezeption ein oft beklagter Sachverhalt entgegen, der hier kurz angesprochen werden muß. Die Komplexität des Satzbaus und die Kompliziertheit der Sprache, wie sie sich in seinen wissenschaftlichen Schriften finden – von dem nicht immer expliziten Bezug auf die literarische, philosophische und soziologische Bildungstradition und auf die verschiedenen Diskussionsfronten innerhalb der Pariser Intellektuellen-Kreise ganz zu schweigen –, stellt den Leser Bourdieus auf eine harte Probe. Begründet hat er (vgl. etwa RuA 70) seinen kompromißlos komplexen Stil mit der komplexen Strukturiertheit der sozialen Welt, von der es eine adäquate Vorstellung zu vermitteln gilt, und zwar eine Vorstellung, die nicht nur die soziale Wirklichkeit selbst theoretisch stringent und empirisch korrekt erfaßt, sondern in der zudem die spezifische (distanzierte) Stellung des Soziologen zu dieser Wirklichkeit – und der damit verbundene spezifisch soziologische Blickwinkel, der nicht der Blickwinkel der sozialen Akteure ist – ihren Ausdruck findet.

Trotz dieser Kompromißlosigkeit seines wissenschaftlichen Stiles ist Bourdieu, wie die zahlreichen, in Zeitungen und Zeitschriften veröffentlichten Interviews und die daraus hervorgegangenen, für ein breiteres Publikum bestimmten Buchpublikationen (SF, SuG, RuA) belegen, daran interessiert, daß seine

Forschungsergebnisse über den Kreis der Experten hinaus bekannt werden; denn, wie er im Vorwort zu den *Soziologischen Fragen*, einer Sammlung von Interviews und Vorträgen, schreibt: »Die Soziologie wäre keine Stunde der Mühe wert, sollte sie bloß ein Wissen von Experten für Experten sein.« (SF 7)

In diesem Sinne will die vorliegende Einführung versuchen, das komplexe Werk Bourdieus auf eine Art und Weise darzustellen, die es auch einer mit den soziologischen Fachdiskussionen wenig vertrauten Leserschaft ermöglicht, einen ersten Zugang zu ihm zu finden. Um dies zu erleichtern, werden zudem einige der Diskussionszusammenhänge, die im Hintergrund von Bourdieus Argumentationen stehen und in seine Soziologie eingeflossen sind, erläutert. (Kapitel 1) Daß bei alledem Vereinfachungen – nicht nur stilistischer, sondern auch inhaltlicher Art – unvermeidlich sind, nehmen wir in Kauf.

Auf den ersten Blick scheint nun aber die angesprochene Vielfalt der Themen und Gegenstände, die in Bourdieus Schriften behandelt werden, eine knappe Einführung zu Bourdieu vor unlösbare Aufgaben zu stellen. Dem ist jedoch, glücklicherweise, keineswegs so. Denn bei genauerem Hinsehen zeigt sich, daß hinter diesem inhaltlichen Reichtum ein Ensemble von theoretischen Konzepten steht, die, schon in den Arbeiten der sechziger Jahre angelegt und bis zum Anfang der siebziger Jahre weitgehend ausformuliert (vgl. RuA 36 f.), einen systematisch orientierten Zugriff auf das Bourdieusche Œuvre erlauben. Und genau dies strebt die vorliegende Einführung an: eine Rekonstruktion der hinter der Vielfalt der Forschungsthemen und Fragestellungen stehenden theoretischen »Systematik« des Bourdieuschen Ansatzes.

Diese Systematik, das muß sofort hinzugefügt werden, besteht jedoch nicht in einer »Großen Theorie«, der empirische

Bezugnahmen lediglich zum Zwecke der Erläuterung feststehender Theoreme dienen (wie dies in den Großtheorien von Parsons bis zu Habermas und Luhmann der Fall ist), sondern sie besteht in der systematischen, forschungsorientierten Anwendung eines Ensembles theoretischer und methodischer »Werkzeuge« (SaB 5) auf die unterschiedlichsten, soziologisch zu analysierenden Gegenstände. Die – epistemologisch wohlfundierte – Anwendung der Erkenntniswerkzeuge ist gewissermaßen »perspektivisch«, d.h., sie erfolgt entsprechend den jeweiligen forschungsleitenden Interessen – beispielsweise an Fragen der gesamtgesellschaftlichen Reproduktion, der Struktur und Dynamik spezifischer Felder, der Rolle von Dispositionen für die Reproduktion von Klassenverhältnissen u.a.m.

Mit der Pluralität zentraler Forschungsinteressen hängt der Sachverhalt zusammen, daß Bourdieu in seinen vielfältigen Analysen nicht immer auf alle seine theoretischen Werkzeuge gleichermaßen und in der gleichen Ausführlichkeit zurückgreift. Dennoch sollten die verschiedenen Theoriekomponenten Bourdieus, will man seinen komplexen Gesamtansatz nicht auf partielle Aspekte reduzieren, immer zusammengedacht werden. Die einzelnen Komponenten (Habitustheorie, Feldtheorie, Kapitaltheorie, Klassentheorie usw.) stehen dabei in einer relationalen Beziehung, d.h., sie sind voneinander abhängig und definieren sich (auch) wechselseitig.

Vergegenwärtigt man sich den Primat der Forschungsorientierung (der, wie wir noch sehen werden, mit bestimmten Traditionen innerhalb der französischen Soziologie zusammenhängt), dann wird verständlich, warum Bourdieu, wenn überhaupt, nur ansatzweise so etwas wie eine explizite Systematisierung seiner Theoriegrundlagen angestrebt hat. Die theoretischen Konzepte sind seinem Wissenschaftsverständnis nach – und auch in seiner wissenschaftlichen Praxis – zuallererst Mittel zum Zweck der empirischen Untersuchung sozialer Wirklichkeit. (Vgl. SF 56) Infolgedessen müssen sie, wenn man eine systematisch angelegte Darstellung intendiert, zu einem großen Teil aus den verschiedenen empirischen Analysen erschlossen und zusammengeführt werden.

Der hier verfolgte Weg einer Annäherung an das Bourdieusche Werk besteht also darin, eine theoretisch orientierte Einführung in die wichtigsten Begrifflichkeiten und Konzepte Bourdieus zu geben.[7] Diese Option legt allerdings eine von ihm selbst nicht gern gesehene »theoretizistische Deutung« (AaE 396; vgl. auch SF 38) seiner Schriften nahe, die deren Fundierung in empirischen Forschungsarbeiten außer acht läßt. Auch dies muß hier in Kauf genommen werden. Mit Nachdruck sei aber auf die von Bourdieu betonte Forschungsabhängigkeit seiner theoretischen Konzepte hingewiesen: »Man muß die Begriffe ernst nehmen, sie kontrollieren und vor allem im Forschungsprozeß kontrolliert, überwacht, mit ihnen arbeiten. Nur so lassen sie sich nach und nach verbessern.« (SF 115)

Eine theoretisch-systematisch angelegte Einführung als der hier favorisierte Zugang zu Bourdieus Werk läßt sich rechtfertigen durch die schon angedeutete methodologische und theoretische Kohärenz, ja Kontinuität seines Werkes, die sich von seinen frühen bis zu seinen jüngsten Arbeiten, vielleicht bis auf eine einzige Ausnahme[8], erhalten hat. So betrachtet, liegt die »Entwicklung« seines Ansatzes weniger in einer theoretischen Präzisierung der begrifflichen Konzepte um ihrer selbst willen, sondern vielmehr in einer kontinuierlichen Entfaltung der theoretischen Werkzeuge im Zuge ihrer Anwendung auf immer weitere Forschungsfelder.

Obgleich ein philosophischer Meisterdenker in Bourdieus Ansatz nicht mehr als eine »fragmentierte Wahrheit« erkennen kann[9], ist mit seinen Theoriekonzepten dennoch ein immenser, nämlich universeller theoretischer Anspruch verbunden, der, wenn auch anders begründet, demjenigen der »Großen Theorien« in seiner *Reichweite* nicht nachsteht. Dies zeigt sich nicht nur quantitativ an der Vielfalt der Forschungsgegenstände, sondern vor allem qualitativ an der Selbstreflexivität, d.h. der Selbstanwendung der Soziologie Bourdieus auf die Soziologie Bourdieus (und deren Stellung innerhalb des wissenschaftlichen Feldes). Wer mit seiner Theorie – implizit oder explizit – den universellen theoretischen Anspruch verbindet, grundsätzlich alle sozialen Phänomene untersuchen zu können, muß diese Theorie, einem Kriterium Luhmanns zufolge, auch rekursiv auf sich selbst anwenden können.[10] Daß Bourdieu genau dies (vor allem in den Studien zum *Homo academicus)* tut, weist auf den seinem Ansatz immanenten Anspruch auf Universalität der Gegenstandserfassung hin. Anders als bei den gängigen Sozialtheorien mit Universalitätsanspruch handelt es sich bei den einzelnen Theoriekomponenten Bourdieus jedoch um »partielle Theorien des Sozialen« (SdsF 9), deren systematischer Zusammenhang nicht theoretisch, durch einen logisch geschlossenen kategorialen Rahmen, sondern auf metatheoretischer Ebene, nämlich unter Rückgriff auf die epistemologischen Prinzipien wissenschaftlichen Handelns, hergestellt wird. (Vgl. hierzu SaB und SdsF 7-41) Die partiellen Theorien stehen allerdings, wie schon erwähnt, in einer relationalen, sich wechselseitig ergänzenden Beziehung, und erst im Ensemble ermöglichen sie eine umfassende soziologische Analyse gesellschaftlicher Wirklichkeit.

Dieser mit Bourdieus Ansatz verknüpfte Universalitätsanspruch, das sei hinzugefügt, darf freilich nicht verwechselt oder identifiziert werden mit einem Ausschließlichkeitsanspruch auf Wahrheit, wie er in den klassischen Sozialphilosophien angelegt ist. Die strukturale Soziologie Bourdieus ist, wie schon der Strukturalismus eines Jean Piaget oder eines Roland Barthes, getragen von einem konstruktivistischen Selbstverständnis, das einen solchen Ausschließlichkeitsanspruch logisch nicht zuläßt.

Im einzelnen gehen wir im folgenden so vor, daß, anknüpfend an eine kurze Skizze wichtiger Strukturelemente des französischen intellektuellen Feldes, die zentralen theoretischen Begriffe und Modelle der Bourdieuschen Soziologie: Praxis, Habitus, Feld, Kapital, Strategie, sozialer Raum und soziale Klassen, erläutert werden. Nach Überlegungen zur Soziologie der Intellektuellen wird im abschließenden Kapitel versucht, das bis dahin Ausgeführte – unter Bezugnahme auf Theoreme, wie sie in den Diskussionen um Moderne und Postmoderne formuliert werden – kritisch zu rekapitulieren. Denn in diesem Diskussionszusammenhang, auf den Bourdieu selbst sich allenfalls sporadisch und polemisch bezieht, werden Fragen aufgeworfen und Argumente formuliert, die, wie ich meine, seinen Ansatz aus einer aufschlußreichen Perspektive beleuchten.

1. Bourdieu und das intellektuelle Feld Frankreichs

»Selbst hinsichtlich der unscheinbarsten Dinge des täglichen Lebens bilden wir keine einheitliche Substanz heraus, die für alle die gleiche ist, so daß jeder nur davon Kenntnis zu nehmen braucht wie von einem Frachtbrief oder einem Testament; unsere Persönlichkeit innerhalb der Gesellschaft ist eine geistige Schöpfung der andern.«[11]

Diese nicht anders denn als soziologisch zu bezeichnende Erkenntnis, die Marcel Proust hier in bezug auf die Welt der vornehmen Pariser Salons und Clubs formuliert, hat Gültigkeit für alle gesellschaftlichen Bereiche, in denen die symbolisch vermittelte Wahrnehmung von Personen eine konstitutive Rolle spielt. Auch im gesellschaftlichen Mikrokosmos der Wissenschaftler und Intellektuellen ist eine Persönlichkeit, wenigstens zu einem nicht unwesentlichen Teil, eine geistige Schöpfung der anderen: Durch ihre – keineswegs homogene – Wahrnehmung und die damit verbundenen unterschiedlichen Urteile prägen die Mitglieder der sogenannten »scientific community« das Bild, das sich von einer Person und ihrem Werk in der wissenschaftlichen und darüber hinaus in der allgemeinen Öffentlichkeit durchsetzt, auf eine entscheidende Weise mit.

Dies gilt auch für das Werk Pierre Bourdieus, das im Zuge seiner mittlerweile recht breiten Rezeption ein Eigenleben gewonnen hat, das sich der Kontrolle durch seinen Autor weitgehend entzieht. Keineswegs zufällig entstehen somit an verschiedenen Orten der wissenschaftlichen und intellektuellen Welt zum Teil recht unterschiedliche Bourdieu-Bilder. Freilich handelt es sich dabei nicht selten um Bilder, die mehr über die Betrachter und ihre wissenschaftlichen Vorlieben oder ethisch-politischen Einstellungen als über Bourdieu selbst verraten, und es ist fraglich, ob dieser sich in manchen Fremdeinschätzungen[12] überhaupt wiedererkennen würde.

Die bisweilen nicht unbeträchtliche Diskrepanz zwischen der wissenschaftlichen Selbsteinschätzung und der Fremdwahrnehmung des Bourdieuschen Werkes läßt sich, auf einer sehr allgemeinen Ebene, mit der erkenntnis- bzw. wissenssoziologischen These vom Einfließen des sozialstrukturellen Standortes in Wahrnehmungs-, Erkenntnis- und Wissensformen erklären. Legt man diese These – die im Kontext von Bourdieus Habitustheorie (siehe Kapitel 3) noch näher erläutert wird – zugrunde, dann sind die angesprochenen Wahrnehmungsdiskrepanzen zum einen auf die unterschiedlichen Standorte, d. h. wissenschaftlichen Positionen, die Bourdieu und die Leser seines Werkes innerhalb der wissenschaftlichen Welt einnehmen, und zum anderen auf die mangelnde Objektivierung dieser Standortdifferenz seitens der Interpreten zurückzuführen. Einen besonders ausgeprägten Einfluß erlangt diese Differenz, wenn die betreffenden Personen verschiedenen nationalen Wissens- und Wissenschaftskulturen angehören.

Ohne diesen Sachverhalt und seine Bedeutung für die Bourdieu-Rezeption hier wissenssoziologisch detailliert erörtern zu wollen, sei dennoch auf die durch neuere wissenschaftshistorische und -soziologische Untersuchungen[13] vielfach belegten Eigenarten und Besonderheiten nationaler Wissenschaftskulturen hingewiesen, die, entgegen der gängigen Annahme einer Internationalität der Wissenschaften, auch heute ihre prägende Kraft keineswegs eingebüßt haben. Folge davon ist, daß der Theorietransfer von einer nationalen Wissenschaftskultur in eine andere[14] nicht selten geradezu systematische Mißverständnisse mit sich bringen kann[15], wenn die Vorannahmen, Theorietraditionen und wissenschaftlichen Konfliktlinien, die in einem nationalen Diskussionszusammenhang angelegt sind, naiverweise nicht berücksichtigt werden.

Im Bewußtsein dieser Problematik soll vorab der allgemeine intellektuelle und theoretische Kontext skizziert werden, in den die Forschungen Bourdieus eingebettet sind. Denn im Rahmen einer für das deutsche Publikum konzipierten Einführung in das Werk Bourdieus scheint es mir geboten, von allzu unbedachten Lesarten und voreiligen (Fremd-)Etikettierungen Abstand zu nehmen und statt dessen eine möglichst unvoreingenommene Darstellung seines Ansatzes anzustreben. Erst dadurch lassen sich die entscheidenden theoretischen Pointen Bourdieus und seine Differenz zu konkurrierenden Unternehmen innerhalb der nationalen wie internationalen Soziologie und Sozialtheorie sichtbar machen. Um zu einer solchen weitgehend unvoreingenommenen (was natürlich nicht heißen kann: ausschließlich berechtigten) Rekonstruktion seines Ansatzes zu gelangen, empfiehlt sich eine *soziologisch* angelegte Lektüre Bourdieus, d.h. eine Lektüre, die den intellektuellen wie gesellschaftlichen Entstehungszusammenhang seiner Theorien und Analysen mit einzubeziehen sucht. Es geht, genauer gesagt, um die Verbindung einer texthermeneutischen, d.h. »internen«, mit einer soziologischen, d.h. »externen« Lektüre. (Vgl. IuM 103 ff.; Rda 272 ff.)[16]

Die in diesem Kapitel verfolgte sozial- und theoriegeschichtliche Hinführung zu Bourdieus Ansatz stellt keineswegs eine äußerliche oder willkürliche Herangehensweise dar, sondern kann als eine unmittelbare Einübung in das strukturale und selbstreflexive Denken Bourdieus verstanden werden: Sich den intellektuellen Entstehungskontext, d.h. den sozialen Produktionszusammenhang von Bourdieus Arbeiten zu vergegenwärtigen, heißt Bourdieusches Denken auf Bourdieus eigene Theorie anzuwenden. Auch wenn es sich dabei nicht im streng methodischen Sinne um eine (hier nicht zu realisierende) Soziologie der Soziologie oder, noch allgemeiner, um eine Soziologie der kulturellen Produktion handelt, versucht dieses Kapitels gleichwohl Bourdieus Forderung nach soziologischer Selbstreflexivität [17] zu folgen und seinen eigenen Ansatz auf die Bedingungen seiner sozialen und intellektuellen Genese zurückzubeziehen. Denn alle kulturellen Produzenten, Wissenschaftler, Schriftsteller, Künstler, Priester, Journalisten usw., »arbeiten [...] in einem Raum, in dem das, was sie produzieren, sehr stark von ihrer Position im Produktionsraum abhängig ist« (SF 157).

Da hier nicht der Ort für eine vollständige und umfassende Rekonstruktion der Genese und der Gesamtstruktur dieses Raumes – d.h. im Falle Bourdieus: des französischen intellektuellen Feldes und besonders des soziologischen Teilfeldes – ist, müssen wir uns allerdings mit der Markierung einiger herausragender Strukturmomente begnügen, in deren Spannungsfeld die Soziologien Frankreichs, und mithin diejenige Bourdieus, situiert waren und sind. Aus Gründen der Vereinfachung müssen wir zudem das interessante Wechselspiel von außerwissenschaftlichen, gesamtgesellschaftlichen Entwicklungen auf der einen und Veränderungen innerhalb der intellektuellen und wissenschaftlichen Welt auf der anderen Seite [18] weitgehend ausklammern und das soziologische Feld als relativ autonomes Universum betrachten.

Zur Bestimmung der wissenschaftsinternen Faktoren, die bis heute – sei es kontinuierlich, sei es vermittelt über Brüche – die soziologische Theorie und Forschungspraxis beeinflussen, muß man genaugenommen bis auf Emile Durkheim zurückgehen, denn wer von französischer Soziologie spricht, kann von Durkheim nicht schweigen. Zwar gilt zumeist Auguste Comte (1798-

1857) nicht nur als Namensgeber, sondern auch als Begründer der Disziplin, doch erst Durkheim (1858-1917) gelang die Institutionalisierung der Soziologie innerhalb der akademischen Welt und eine einleitende Professionalisierung ihrer Forschungspraxis. Der Einfluß, den Durkheim und seine Schule auf die französische Soziologie (und andere Humanwissenschaften wie Ethnologie, Geschichte und Psychologie) ausgeübt haben, kann kaum überschätzt werden, denn »es leben heute alle Wissenschaften vom Menschen im Hause Durkheims, auch wenn sie es nicht wissen, weil sie durch die Hintertür eingetreten sind« (SuP 501). Selbst wenn in der aktuellen Soziologie Frankreichs orthodoxe Durkheimanhänger eher die Ausnahme bilden, leben zentrale Gedanken und Intentionen Durkheims (etwa der Zwangscharakter sozialer Tatsachen und der Bruch mit den Vorbegriffen der Spontansoziologie) vermittelt über den Strukturalismus weiter.

Im Vordergrund der Anstrengungen Durkheims stand die an Comte anknüpfende Absicht, die Soziologie als eine positive Wissenschaft zu begründen. Die wichtigsten, d.h. mächtigsten Gegner, mit denen sich Durkheim hierbei auseinanderzusetzen hatte, waren, gemäß den intellektuellen Kräfteverhältnissen seiner Zeit, weniger konkurrierende Soziologen, etwa Gabriel Tarde (1843-1904) oder René Worms (1869-1926), sondern in erster Linie die Vertreter der innerhalb der akademischen Hierarchie dominierenden und mit der Soziologie um die legitime Kompetenz zur Erklärung der sozialen Welt ringenden Philosophie.

Der herausragende Philosoph dieser Zeit war Henri Bergson (1859-1941), für den die Antriebskraft allen, auch des gesellschaftlichen Lebens im »élan vital« liegt – einer Kraft, die der rationalen wissenschaftlichen Analyse, wie sie Durkheim vorschwebt, nicht zugänglich ist. Allein durch Intuition und nicht mittels methodischer Anleitung durch Vernunft kann man, so Bergson, dieses Phänomen, das die Grundlage auch der Gesellschaft bildet, erfassen. Die Lebensphilosophie Bergsons beansprucht mithin, u. a. eine Erklärung von Gesellschaft geben und gleichwohl auf eine theoretisch stringente soziologische Analyse verzichten zu können. (Es sei in diesem Kontext nur erwähnt, daß parallel zu, wenngleich nicht notwendigerweise identisch mit der Konfliktlinie Soziologie versus Philosophie ein Gegensatz verläuft von Rationalismus auf der einen und Vernunftkritik, die von Bergson bis zu den von Nietzsche inspirierten Vertretern der Postmoderne reicht, auf der anderen Seite.)

Gewissermaßen als Gegenzug gegen den seit Bergson von den Philosophen immer wieder unternommenen Versuch, der Soziologie ihr ureigenstes Terrain, nämlich die Analyse und Erklärung gesellschaftlicher Strukturen und Prozesse, streitig zu machen[19], haben umgekehrt die profiliertesten französischen Soziologen (oft wie ihre philosophischen Widersacher Absolventen der philosophisch-geisteswissenschaftlichen Kaderschmiede École normale supérieure) des öfteren klassische philosophische Fragestellungen aus dem Himmel der reinen Ideen und Spekulationen heruntergeholt und soziologischer Forschung zugänglich zu machen gesucht. Als Beispiele hierfür seien genannt: Durkheims Analyse des sozialen Ursprungs der vermeintlich apriorischen Kantischen Kategorien[20], Bourdieus *Critique sociale du jugement* (so der Original-Untertitel der *Feinen Unterschiede)*, die einen Versuch darstellt, Kants *Kritik der Urteilskraft* soziologisch zu wenden (vgl. FU, bes. 756 ff.), oder auch seine habitustheoretische Erörterung der klassischen philosophischen Problematik von Freiheit und Determinismus (vgl. SoSi 101 ff. und unten Kapitel 3). Kurzum: »Die Soziologie hat sich mit dem Ehrgeiz entwickelt, der Philosophie einige ihrer Probleme zu rauben, das häufig mit der Philosophie verbundene prophetische Projekt aber fallenzulassen. Sie hat mit der Sozialphilosophie gebrochen.« (SF 49)

Mit ihrer Nähe, genauer gesagt, ihrem direkten Konkurrenzverhältnis zur Philosophie ist ein Strukturmerkmal benannt, das für die (akademische) Soziologie in Frankreich bis heute charakteristisch ist. Sofern sich Teile der Soziologie aus dieser Nähe zur Philosophie wirklich lösen konnten, gelang dies nur um den Preis einer direkten sozialtechnologischen, d.h. Effektivitätskriterien gehorchenden Anwendungsorientierung. In ihrer Konkurrenz zur (Sozial-)Philosophie gleicht die französische Soziologie der deutschen und differiert von der amerikanischen. Als Beleg für dieses ausgeprägte, von beiden Seiten forcierte Konkurrenzverhältnis noch in jüngster Zeit sei nur hingewiesen auf den in Frankreich nach Sartre vielleicht einflußreichsten Philosophen Michel Foucault (1926-1984), der sich mit historisch und soziologisch relevanten Themen[21], nicht zuletzt mit der auch bei Bourdieu zentralen Machtproblematik, befaßt hat, oder, etwas aktueller, auf die metaphysikkritische Philosophie der Dekonstruktion von Jacques Derrida[22] (geb. 1930). Vor allem diesen beiden bedeutenden, die Diskussionen interdisziplinär stark beeinflussenden Philosophen wirft Bourdieu vor, daß sie »nie wirklich die mit dem Philosophen-Status verbundenen Kastenprivilegien verschmäht« und zudem, vermittels ihrer Kritik an den Human- und Sozialwissenschaften, »einer kaum verhüllten Form von irrationalistischem Nihilismus Vorschub geleistet haben« (SuG 68 f.). Angesichts dieser Frontstellung ist es nur konsequent, daß, komplementär zur (freilich aus ihrer Perspektive wohlbegründeten) Ablehnung der Human- und Sozialwissenschaften durch Philosophen wie Foucault und Derrida, es von seinen ersten Publikationen an Bourdieus Absicht war, »die Philosophie um der Sozialwissenschaften willen aufzugeben« (Hoac 29).[23]

Doch die Soziologie unterscheidet sich nicht nur durch ihre untergeordnete Stellung innerhalb der akademischen Hierarchie von der Philosophie[24] (deren Führungsanspruch von den

Humanwissenschaften, allen voran der Ethnologie, nur kurzfristig, als der Strukturalismus durch die Pionierarbeit von Lévi-Strauss zur herrschenden intellektuellen Kraft wurde, erfolgreich in Frage gestellt werden konnte). Auch auf der methodischen Ebene äußert sich das Konkurrenzverhältnis zur Philosophie, und zwar in der von der Soziologie seit Durkheim angestrebten strengen Wissenschaftlichkeit mittels empirischer Fundierung ihrer Analysen – wie problematisch diese auch immer gewesen sein mag und zum Teil bis heute noch ist. Fast kontinuierlich und von wenigen einflußreichen Ausnahmen – etwa Georges Gurvitch (1897-1965) – abgesehen, sind selbst die stark theoretisch ausgerichteten Teile der französischen Soziologie, und darin *unterscheidet* sie sich von der deutschen, durch ihren systematischen Bezug zur empirischen Forschung charakterisiert.[25]

Unter *systematischem Empiriebezug* ist die Fundierung auch und gerade der theoretisch anspruchsvollen soziologischen Arbeiten in umfassenden, von den jeweiligen Soziologen und ihren Forschungsteams selbst geleisteten Feldforschungen zu verstehen, wie sie vor allem an den Forschungszentren der École des hautes études en sciences sociales durchgeführt werden. Der EHESS (die im Jahre 1975 aus der 6. Sektion der École pratique des hautes études hervorgegangen ist) gehört auch das von Bourdieu geleitete Forschungsinstitut Centre de sociologie européenne an.

Ein weiteres charakteristisches Merkmal französischer Soziologie ist ihre enge Beziehung zu den übrigen Humanwissenschaften (vor allem zu Ethnologie und Geschichte), die, anders als jene zur Philosophie, eher durch Kooperation denn durch scharfe Konkurrenz gekennzeichnet ist. Wie die Ethnologie schon seit Durkheim und Marcel Mauss (1872-1950) in methodischer Analogie und institutioneller Nähe zur Soziologie betrieben wird, so ist auch in der Geschichtswissenschaft, spätestens seit der im Jahre 1929 von Lucien Febvre (1878-1956) und Marc Bloch (1886-1944) gegründeten Zeitschrift *Annales* und den mit ihr assoziierten Forschern[26], die Einbeziehung sozialwissenschaftlicher Verfahren und Erkenntnisse keine Ausnahme mehr. Ebenso läßt sich in vielen Bereichen der Soziologie die Berücksichtigung einer historischen Ebene feststellen. Kurzum, es findet eine »gegenseitige Befruchtung von soziologischer und historischer Forschung«[27] statt.

Im Falle Bourdieus zeigt sich dies nicht nur an seiner häufigen Bezugnahme auf neuere Forschungsergebnisse aus den Geschichtswissenschaften (die Arbeiten von Historikern wie Georges Duby, Karl Polanyi, Edward P. Thompson, Robert Darnton u.a. werden verschiedentlich zitiert), sondern auch an der genuin sozialhistorischen Dimension, die sich in seinen eigenen Analysen durchgängig ausmachen läßt. In umgekehrter Richtung hat mittlerweile auch Bourdieu, vor allem durch seine ethnologischen Studien und die Theorie symbolischer Macht, eine nicht zu unterschätzende Wirkung auf die jüngere Generation der Historiker, besonders im Umkreis der *Annales*, ausgeübt.[28]

In diesem Zusammenhang kann auf ein weiteres Spezifikum der französischen Wissenschaftskultur hingewiesen werden, das Bourdieus Soziologie geprägt hat: die französische Tradition der Epistemologie im Anschluß an Gaston Bachelard (1884-1962). Von diesem für die Naturwissenschaften begründet, später u.a. von Georges Canguilhem und Michel Foucault auf die Wissenschaften vom Leben und vom Menschen angewandt, erörtert die Epistemologie *wissenschaftstheoretische* Fragestellungen nicht, wie hierzulande üblich, in rein philosophisch-begrifflicher Manier, sondern anhand einer *historischen* Untersuchung der tatsächlichen Wissenschaften und ihrer Forschungspraxis.[29] Bourdieus Auffassung von den angemessenen Prinzipien wissenschaftlicher Praxis (siehe vor allem SaB) sind stark an den Forschungsergebnissen der Epistemologie, namentlich an Bachelard, orientiert. Dessen aus der Wissenschaftsgeschichte gewonnene Einsichten, etwa in den Konstruktcharakter und die Relationalität des wissenschaftlichen Denkens, versucht Bourdieu konsequent für die soziologische Forschung fruchtbar zu machen. Hierzu später mehr.

Der Vollständigkeit halber sei auch kurz das für die Entwicklung der Soziologie nicht unwichtige Spannungsverhältnis derselben zur Literatur angesprochen.[30] Obwohl auf den ersten Blick dieser Sachverhalt für Bourdieu, führt man sich seine streng wissenschaftlich-methodische Einstellung und Vorgehensweise vor Augen, völlig irrelevant zu sein scheint, weisen doch einige Indizien auf eine eingehende Auseinandersetzung mit den großen, quasisoziologischen Schriftstellern des 19. und 20. Jahrhunderts hin. Hierbei ist weniger an die mittlerweile recht umfangreichen literatursoziologischen Arbeiten gedacht (vgl. vor allem Rda, mit der ausführlichen Analyse zu Flaubert), sondern vielmehr an *inhaltliche* Übereinstimmungen mit literarisch gestalteten »soziologischen« Einsichten bedeutender Romanciers, die Bourdieu für den soziologischen Diskurs wissenschaftlich sozusagen »aufgearbeitet« hat. Zwei Beispiele seien genannt: Bourdieu weist in einem Interview (MdM 32) auf die Vorreiterfunktion der Romane von Balzac und Flaubert bezüglich des von ihm in den *Feinen Unterschieden* herausgearbeiteten systematischen Zusammenhangs zwischen sozialen Klassen und Lebensstilen hin, und im Zusammenhang einer Erörterung der Eigenlogik symbolischen Kapitals (SoSi 255) findet sich die von uns zu Anfang dieses Kapitels zitierte Äußerung Prousts über die Schöpfung von Persönlichkeiten durch symbolische Anerkennungsakte eingestreut. In beiden Fällen – die Liste ließe sich verlängern – handelt es sich um künstlerisch gestaltete Einsichten in gesellschaftliche Zusammenhänge, die von Bourdieu wissenschaftlich reformuliert und theoretisch expliziert werden. (Zum Verhältnis von Literatur und Soziologie vgl. auch Rep 178 ff.)

Neben diesen Strukturfaktoren des intellektuellen Feldes, die zum einen die Beziehung der Soziologie zu Philosophie, Epistemologie, den übrigen Humanwissenschaften und der Literatur, zum anderen die Relation von Theorie und Empirie in den soziologischen Analysen betreffen, gibt es auf einer eher inhaltlichen Ebene zwei Bezugspunkte, die in unserer kurzen Skizze des französischen intellektuellen Feldes nicht unerwähnt bleiben dürfen, nämlich der Marxismus und der Strukturalismus.

Der Einfluß, den Marx und der Marxismus in den soziologischen (und philosophischen) Diskussionen auch in Frankreich erlangt haben, muß deshalb thematisiert werden, weil »es scheint, daß wichtige theoretische Arbeiten positiv oder negativ zu den Aussagen von Marx Stellung beziehen müssen, um im Felde der theoretischen Produktion Geltung erlangen zu können«[31]. Dies gilt (mit gewissen Einschränkungen) schon für Durkheim und wird in der Nachkriegszeit zu einer vollendeten Tatsache. Das Spektrum der Marxinterpretationen reicht hierbei von den humanistisch engagierten Lesarten Jean-Paul Sartres und Henri Lefèbvres bis hin zu den strukturalen Marxlektüren im Kreis um Louis Althusser.

Bourdieus als ambivalent charakterisierbares Verhältnis zu Marx und zum Marxismus kann dahingehend resümiert werden, daß er Marx selbst in gewisser Hinsicht als den *im Vergleich zu seinen Zeitgenossen* avanciertesten Sozialtheoretiker ansieht (»was er über Gesellschaft gesagt hat, gehört zum Besten, was seit langem darüber gesagt worden ist«; VhE 393), daß jedoch schon bei ihm – und dann auch in den späteren, nicht nur den »orthodoxen« Marxismen – eine Tendenz zur dogmatischen Beanspruchung des Privilegs auf Wahrheit angelegt ist, die Bourdieu entschieden zurückweist. In einem Interview, das er im Oktober 1989 in Ost-Berlin gegeben hat, spricht er sogar davon, daß Marx unter den heutigen wissenschaftlichen Bedingungen eher ein Erkenntnishindernis darstellt, als daß er besonders aufschlußreiche Einsichten über die gegenwärtigen Gesellschaften vermitteln könnte. (Vgl. IuM 25)

Insgesamt gesehen ist für Bourdieu allerdings der Streit, ob man *pro* oder *contra* Marx sein müsse, für die Soziologie ebenso unfruchtbar, wie die Auseinandersetzung um die »richtige«, d.h. legitime Marxexegese nichts anderes darstellt als einen Ausdruck des ewigen intellektuellen Kampfes von Dogma und Häresie. »Folglich ist die Alternative: Marxist sein oder nicht, eine religiöse und bestimmt keine wissenschaftliche.« (RuA 67) Aus diesem Grunde bleibt Bourdieus inhaltliche Bezugnahme auf die Marxsche Theorie, von einigen polemisch-strategischen Bemerkungen abgesehen[32], sachlich und forschungsorientiert. So knüpft er zwar stellenweise an Marxsche und marxistische Kategorien und Gedanken an, diese interessieren ihn letztlich aber nur insofern, als sie weiterentwickelt und zur praktischen Lösung konkreter Theorie- und Forschungsfragen herangezogen werden können.

Das gleiche gilt übrigens auch für Bourdieus Umgang mit dem großen klassischen Gegenspieler von Marx, nämlich Max Weber, der vor allem über die Vermittlungsarbeit von Raymond Aron (1905-1983) Eingang in die französische Soziologie gefunden hat.[33] Aus Bourdieus kritisch-ambivalentem Verhältnis zu Marx folgt fast zwangsläufig die Würdigung der Leistungen von Weber, dessen Soziologie er als Ergänzung und nicht, wie es oft geschieht, als strikten Gegensatz zu derjenigen von Marx ansieht. (Vgl. SF 24 f.) Die Verknüpfung von Marx und Weber zeigt sich am deutlichsten in Bourdieus Reformulierung der Klassentheorie. (Siehe Kapitel 5) Weitreichenden Einfluß auf Bourdieus

Ansatz hat auch Max Webers Religionssoziologie gehabt, der eine Vorbildfunktion für die Feldtheorie (siehe Kapitel 4) zukommt. (Vgl. RuA 36)

Ebenfalls weitgehend forschungsorientiert, ist Bourdieus Auseinandersetzung mit dem Strukturalismus (vgl. SoSi, TdP und SdsF 7-41) expliziter und, worauf es hier ankommt, für seinen eigenen Ansatz prägender als diejenige mit dem Marxismus. Als Vertreter des Strukturalismus gelten bekanntlich u.a. so unterschiedliche Wissenschaftler wie der Linguist Ferdinand de Saussure, der Ethnologe Claude Lévi-Strauss, der Semiologe Roland Barthes, der Entwicklungspsychologe Jean Piaget, der Psychoanalytiker Jacques Lacan und der marxistische Philosoph Louis Althusser. Das gemeinsame methodische Anliegen der Strukturalisten besteht, vereinfacht gesagt, in der Analyse der jeweiligen Strukturzusammenhänge, die, ohne daß es den Subjekten bewußt wäre, den verschiedenen gesellschaftlichen (und psychischen) Phänomenbereichen wie Sprache, Verwandtschaftsbeziehungen, Ökonomie, Mythen, Kunst, psychischen Kognitionen u.a.m. konstitutiv zugrunde liegen.

Seinen breiten gesellschaftlichen Erfolg verdankt der Strukturalismus zum Teil der nachexistentialistischen intellektuellen Stimmung der sechziger Jahre, in der er schnell zur – als solcher dann auch vergänglichen – Mode wurde. Doch ihm kommt, besonders in Gestalt der strukturalen Anthropologie von Lévi-Strauss, das von Bourdieu nachdrücklich herausgestellte wissenschaftliche Verdienst zu, nicht zuletzt durch die ingeniöse Verknüpfung von anspruchsvoller Theorie und empirischer Forschung »die Wissenschaft vom Menschen geadelt und sie durch Verweis auf Saussure und die Linguistik zur Königswissenschaft erhoben [zu haben], auf die sich nun zwangsläufig auch die Philosophen beziehen mußten« (RuA 21). Dadurch konnte, zumindest vorübergehend, die dominante Stellung der Philosophie innerhalb der intellektuellen Hierarchie erfolgreich in Frage gestellt werden, und die Human- und Sozialwissenschaften wurden zu *den* respektablen Disziplinen, mit denen sich jedes anspruchsvolle intellektuelle Unternehmen auseinandersetzen mußte.

Aus diesem Grunde – und weil er seine Forschungsaktivität mit ethnologischen Studien begann – war Bourdieu dem Einfluß des Strukturalismus gleichsam auf doppelte Weise ausgesetzt. In seiner frühen ethnologischen Arbeit noch den Prinzipien des klassischen Strukturalismus von Lévi-Strauss verpflichtet (vgl. SoSi 468, Anm.), hat Bourdieu bald, noch im Kontext der ethnologischen Forschung, das Ziel verfolgt, den in *diesem* Strukturalismus angelegten Objektivismus zu überwinden, indem er die Strategien, Alltagswahrnehmungen und -theorien der Subjekte, kurz: »die leibhaftigen Akteure« (RuA 28), als Gegenstand der Analyse wieder miteinbezieht. Immerhin verdankt Bourdieu dieser Forschungs- und Theorierichtung so viel, daß er bis in die jüngste Zeit seine eigenen Analysen dem Strukturalismus zurechnet und das Etikett *genetischer* (SuG 34) bzw. *konstruktivistischer* (RuA 135) Strukturalismus dafür beansprucht. Was damit im einzelnen genau gemeint ist, darauf werden wir noch in den Kapiteln 3 und 5 zurückkommen.

An dieser Stelle können wir unsere knappen und gezwungenermaßen schematischen Ausführungen über die institutionellen und intellektuellen Besonderheiten französischer Soziologie abschließen. Zusammenfassend kann man mit Blick auf die französische Soziologie im allgemeinen die folgenden zentralen Merkmale festhalten: 1. das unmittelbare Konkurrenzverhältnis zur Philosophie, 2. die kooperative Beziehung zu ethnologischer und historischer Forschung, 3. die institutionell verankerte Verknüpfung von Empirie und (anspruchsvoller) Theorie, 4. die ausgeprägte (affirmative oder kritische) Bezugnahme auf den Marxismus. Mit Blick auf die Bourdieusche Soziologie im besonderen sind darüber hinaus 5. die Epistemologie im Anschluß an Bachelard und schließlich 6. der Strukturalismus als wichtige Einflußfaktoren zu nennen.[34]

Daß jede soziale Praxis – und folglich auch die Wissenschafts- und Forschungspraxis – spezifischen Bedingungen unterliegt, die den Akteuren zudem nur in den seltensten Fällen bewußt sind, ist eine alte soziologische (wenn man so will: materialistische) Grundannahme, die auch Bourdieu in seinen Analysen immer wieder geltend macht. Von der sozialen Bedingtheit, die er in bezug auf die von ihm untersuchten Objekte und Praktiken postuliert, kann nun der Soziologe sich selbst und seine Praxis redlicherweise nicht ausnehmen. In diesem Sinne sind auch Bourdieus Forschungsarbeiten *objektiv* durch die von uns soeben herausgestellten Strukturbedingungen des intellektuellen Feldes mitdeterminiert:

»Im Gegensatz zu dem, was die Untersuchung isolierter Individuen voraussetzt, wie sie etwa die Literaturgeschichte des Typs ›der Mensch und sein Werk‹ praktiziert, beruhen die wichtigsten Eigenschaften eines jeden Produzenten in dessen objektiven Beziehungen mit den anderen, das heißt außerhalb seiner, in der objektiven Konkurrenzbeziehung usw.« (SF 80)

Bourdieu spricht auch von einem »Effekt des Feldes« (AaE 395). Dieser sich zumeist hinter dem Rücken der Akteure vollziehende Einfluß gesellschaftlicher (feldspezifischer) Bedingungsfaktoren auf konkrete Praktiken und Werke läßt sich, will man keine Metaphysik der Freiheit postulieren, kaum leugnen. Bourdieu zufolge kann man jedoch gegenüber diesen externen Determinanten eine gewisse Freiheit zurückgewinnen, wenn man durch soziologische Analyse die (historischen) Gesetzmäßigkeiten des betreffenden Feldes (er)kennt. Diesem Zweck, nämlich den mehr oder minder diffusen Einfluß, den die objektiven

Strukturen und Kräfteverhältnisse des intellektuellen und besonders des soziologischen Feldes auf die eigene sozialwissenschaftliche Praxis ausüben, unter Kontrolle zu bringen, dienen verschiedene, von Bourdieu und seinen Mitarbeitern durchgeführte Analysen. Es handelt sich dabei, allgemein gesprochen, um Studien zur Soziologie der kulturellen Produktion. Zu diesem Forschungskomplex gehört auch die Soziologie des intellektuellen und, als dessen Teilfeld, des soziologischen Feldes.

Als die wichtigsten Beiträge Bourdieus zur Soziologie des intellektuellen Feldes sind zu nennen: die im *Homo academicus* publizierten detailreichen Untersuchungen zur universitären Welt Frankreichs (vgl. Hoac), die Analyse der Genese und der Struktur eines autonomen literarischen und künstlerischen Feldes (vgl. Rda), schließlich, im vorliegenden Zusammenhang von Bedeutung, seine Interpretation des Entwicklungsganges der französischen Nachkriegssoziologie. Diese Interpretation, die in engem Zusammenhang mit seinen wissenschaftstheoretischen Überlegungen (SaB) steht, gibt uns Aufschluß über Bourdieus Sicht auf die – und seine Stellung zu den – soeben herauskristallisierten Besonderheiten der Soziologie seines Landes.

In einem Aufsatz aus dem Jahre 1967, den er zusammen mit Jean-Claude Passeron verfaßt hat (SuP), wird die Entwicklung von Soziologie und Philosophie in Frankreich nach 1945 als »Tod und Wiederauferstehung einer Philosophie ohne Subjekt« (so der Untertitel) interpretiert. Auf die ihnen zugrundeliegenden »expliziten oder impliziten philosophischen Haltungen« (SuP 496) hin betrachtet, lassen sich zwei große Gruppen soziologischer (und philosophischer) Sichtweisen ausmachen: solche, bei denen der einzelne soziale Akteur (philosophisch gesprochen: das »Subjekt«) kategorial im Vordergrund steht, und andere, bei denen der gesellschaftliche Gesamtzusammenhang das primäre konzeptuelle Interesse auf sich zieht.

Hatten Durkheim und seine lange Zeit dominante Schule mit der Betonung des Zwanges, den die sozialen Tatsachen auf die Akteure ausüben, letzteren einen bloß sekundären Status zuerkannt, so wurde, nicht zuletzt durch die Erfahrungen des menschenvernichtenden Krieges, nach 1945 das einzelne Subjekt zum Mittelpunkt der Theoriebildung, ja der allgemeinen gesellschaftlichen Aufmerksamkeit. Zu dieser Zeit und dem Zeitgeist entsprechend übte vor allem die existentialistische Philosophie des Subjekts, namentlich Sartre, einen enormen Einfluß aus, der über die intellektuelle Welt im engeren Sinne weit hinausreichte. Nachdem die existentialistische Bewegung in den sechziger Jahren ihren Höhepunkt überschritten hatte, konnte der Strukturalismus das Erbe Durkheims wiederaufleben lassen, d. h. den Zwangscharakter sozialer Tatsachen als Prävalenz von Strukturen rekonzeptualisieren, und seinen Siegeszug antreten.

Soweit, holzschnitthaft vereinfacht, die Interpretation von Bourdieu und Passeron, die zugleich eine Entwicklungslinie in den von uns weiter oben eher statisch dargelegten Strukturzusammenhängen des intellektuellen Feldes zu erkennen gibt. Aktualisierend kann man hinzufügen, daß in Frankreich seit Ende der siebziger, Anfang der achtziger Jahre die Subjektphilosophie wieder auf dem Vormarsch ist. (Vgl. Rep 155 f.) Als Beleg sei hier nur auf Foucault verwiesen, der, in den sechziger Jahren zu den Strukturalisten gerechnet, in seinen beiden letzten Büchern das Problem einer Genealogie von subjektkonstituierenden Selbstpraktiken in Angriff nahm.[35] Das intellektuelle Auf und Ab der – auch den *soziologischen* Ansätzen als alternative Grundannahmen zugrundeliegenden – »Philosophien« (Weltsichten) mit oder ohne Subjekt ist demnach keineswegs zu einem Ende gekommen, vielmehr kann man davon ausgehen, daß diese Pendelbewegung, im Zusammenhang mit außerwissenschaftlichen Struktur- und Mentalitätsveränderungen, sich auch in der Zukunft fortsetzen wird.

Für Bourdieus eigene theoretische Position von Bedeutung sind nun die Schlußfolgerung bzw. »Lehre«, die er aus seiner Interpretation des Entwicklungsganges der Soziologiegeschichte zieht, und die damit verbundenen Zielsetzungen, die er theoriestrategisch und forschungspraktisch umsetzen will. Sein erklärtes Ziel ist es, zwischen den beiden, sich im Grunde genommen ausschließenden, erkenntnistheoretischen Grundhaltungen einer (»subjektivistischen«) Philosophie mit und einer (»objektivistischen«) Philosophie ohne Subjekt vermitteln zu wollen. Mit anderen Worten, es geht ihm darum, die relativen Wahrheiten, die in den entgegengesetzten Weltsichten des Subjektivismus und des Objektivismus impliziert sind, auf eine nicht-eklektische Art und Weise zusammenzuführen und diese Synthese erkenntnistheoretisch zu begründen.

2. Subjektivismus und Objektivismus in den Sozialwissenschaften und die Theorie der Praxis

»Von allen Gegensätzen, die die Sozialwissenschaften künstlich spalten, ist der grundlegendste und verderblichste der zwischen Subjektivismus und Objektivismus.« (SoSi 49) Allgemein gesprochen, handelt es sich dabei um einen Gegensatz von philosophischen Haltungen, von erkenntnistheoretischen Grundpositionen oder, schlicht und einfach, von »Erkenntnisweisen« (SoSi 49). Wie wir im Laufe dieses Kapitels sehen werden, verbirgt sich jedoch hinter diesem abstrakten (metatheoretischen) Dualismus von Subjektivismus und Objektivismus noch eine andere, nicht nur erkenntnistheoretisch relevante Problemstellung, nämlich die traditionsreiche Frage nach dem Verhältnis von Theorie und Praxis.

Unter Subjektivismus können wir in einer ersten Annäherung eine theoretische Erkenntnisweise verstehen, die sich ausschließlich auf subjektive Gegebenheiten bezieht, d.h. auf Praktiken, Wahrnehmungen, Intentionen oder kognitive Repräsentationen, wie sie der praktischen Erfahrung sozialer Akteure unmittelbar gegeben sind. Objektivistische Erkenntnis hingegen stellt auf von Subjekten relativ unabhängige Sachverhalte ab, zum Beispiel auf objektive Funktionen, Gesetze, Systeme oder Strukturen, unter Vernachlässigung subjektiver Faktoren.

Im Bereich sozialwissenschaftlicher Theorie- und Methodendiskussion manifestiert sich die abstrakte philosophische Opposition von Subjektivismus und Objektivismus in einer Reihe von begrifflichen, theoretischen und methodologischen Gegensätzen. Zu den bekanntesten Beispielen innerhalb der Soziologie, die als Ausdruck dieser Spaltung angesehen werden können, gehören die – je nach Wissenschaftskultur und Diskussionsstand ungleich prägnant ausgeprägten [36] – Gegensatzpaare Individuum und Gesellschaft, Lebenswelt und System, Interaktionismus und Funktionalismus, Phänomenologie und Strukturalismus, Verstehen und Erklären, Mikro- und Makrosoziologie, interpretatives und normatives Paradigma u.a.m.

Bourdieus Haltung bezüglich dieser für ihn künstlichen und falschen Oppositionen besteht, wie gesagt, darin, zwischen den beiden Extremen des Subjektivismus und des Objektivismus vermitteln und ihre relativen Wahrheiten systematisch zusammenführen zu wollen. Freilich sollte man einschränkend hinzufügen, daß auf der Ebene konkreter Autoren und Theorien die pauschale Zuordnung zu einer der beiden gegensätzlichen erkenntnistheoretischen Haltungen nicht immer so problemlos und eindeutig möglich ist, wie Bourdieu mit dem strengen Dualismus bisweilen suggeriert. [37] Diese Einschränkung ändert jedoch nichts daran, daß zumindest auf der metatheoretischen Ebene der Erkenntnisweisen eine klare Differenz zwischen Subjektivismus und Objektivismus bestehen bleibt, die deren Unterscheidung plausibel und eine Vermittlung zwischen beiden sinnvoll erscheinen läßt. [38]

Hervorzuheben ist in diesem Zusammenhang, daß sich Bourdieus Zielsetzung weniger aus abstrakten philosophischen bzw. erkenntnistheoretischen Überlegungen heraus, sondern im Zusammenhang seiner empirischen Forschungen, nicht zuletzt der ethnologischen, entwickelt hat. Dies bedeutet, daß die Frage, wie im Einzelfall zwischen Subjektivismus und Objektivismus zu vermitteln ist, letztlich *nicht* auf erkenntnistheoretische Programmatik begrenzt, d.h. unabhängig von der Forschungspraxis und Theoriebildung entschieden werden kann.

Wie sich die *theoretischen* Konzepte und Begriffe, die Bourdieu zur Vermeidung der gängigen Gegensatzpaare anbietet, konkret gestalten, werden wir im Laufe dieser Einführung noch im einzelnen sehen. Zunächst einmal wollen wir uns Klarheit über die Eigentümlichkeiten der subjektivistischen und objektivistischen Erkenntnisweise verschaffen, um die von Bourdieu angestellten *erkenntnistheoretischen* Reflexionen verstehen zu können, die notwendig – wenn auch noch nicht hinreichend – sind, um den Dualismus von Subjektivismus und Objektivismus überwinden zu können.

Am ausführlichsten befaßt hat sich Bourdieu mit dieser Problematik – die in allen seinen Arbeiten mehr oder weniger präsent ist – in seinem *Entwurf einer Theorie der Praxis*[39], der neben drei thematisch eigenständigen ethnologischen Studien zu den Kabylen Algeriens (über Ehrverhalten, die symbolische Organisation des Hauses und Verwandtschaftsbeziehungen) eine Art theoretisches Resümee vor allem seiner ethnologischen Forschungsarbeit bietet. Die dort formulierten Ergebnisse und Konzepte sind jedoch keineswegs auf die Ethnologie im engen Sinne begrenzt, sondern sie bilden zugleich eine der Grundlagen der soziologischen Analysen Bourdieus. Dies um so mehr, als die aus der akademischen Arbeitsteilung resultierende, aber systematisch letztlich nicht begründbare Trennung von Ethnologie und Soziologie von Bourdieu ebensowenig hingenommen wird (RuA 96 f.) wie die unheilvolle Spaltung von (Sozial-)Geschichte und Soziologie (SuG 73 f.).

Im *Entwurf einer Theorie der Praxis* werden »drei Modi theoretischer Erkenntnis« (TdP 146 f.) unterschieden: die *phänomenologische* (d. h. subjektivistische), die *objektivistische* und – als Bourdieus Alternative – die *praxeologische* Erkenntnisweise.

1. Zu den einem subjektivistischen Erkenntnismodus verpflichteten Soziologien rechnet Bourdieu zum einen die (im enge-

ren Sinne) phänomenologische Soziologie, die explizit an die philosophische Phänomenologie Husserls anknüpft (ihr prominentester Vertreter war A. Schütz), des weiteren die Ethnomethodologie (H. Garfinkel) und die interaktionistische Soziologie (E. Goffman), kurzum diejenigen Ansätze, die bisweilen unter dem Sammelbegriff *interpretatives Paradigma* gehandelt werden. Darüber hinaus finden sich einige kritische Anspielungen auf die von Bourdieu ebenfalls dem Subjektivismus zugerechnete Handlungssoziologie von A. Touraine (vgl. TdP 177, Anm. 58) und den methodologischen Individualismus von R. Boudon – zwei Autoren, die man wohl unter den Soziologen (zumindest bis zu seiner Berufung ans Collège de France) als die stärksten Konkurrenten Bourdieus innerhalb des französischen soziologischen Feldes ansehen kann. Als exemplarischer Vertreter einer subjektivistischen Position innerhalb der Philosophie wird schließlich J.-P. Sartre diskutiert, anhand dessen Schriften Bourdieu seine Kritik des Subjektivismus in erster Linie ausführt und begründet. In Sartres voluntaristischer Philosophie der Freiheit sieht er nämlich subjektivistische (Vor-)Annahmen, die ansonsten zumeist implizit bleiben, auf radikale Weise expliziert. Letztendlich aber geht es bei der Kritik des Subjektivismus weniger um Personen oder soziologische Schulen, sondern um eine problematische erkenntnistheoretische Grundhaltung.

Was hat man nun unter einem phänomenologischen Erkenntnismodus zu verstehen?

»Die Erkenntnisweise, die wir die *phänomenologische* nennen wollen (oder, wenn man in Begriffen gegenwärtig existierender Schulen sprechen möchte: die ›interaktionistische‹ oder ›ethnomethodologische‹), expliziert die Wahrheit der primären Erfahrung mit der sozialen Welt, d.h. das *Vertrautheits*verhältnis zur vertrauten Umgebung. Sie begreift die soziale Welt als eine natürliche und selbstverständlich vorgegebene Welt, sie reflektiert ihrer Definition nach nicht auf sich selbst und schließt im weiteren die Frage nach den Bedingungen ihrer eigenen Möglichkeit aus.« (TdP 147)

Der Begriff *Phänomenologie* ist hier ganz wörtlich zu verstehen als *Lehre von den Erscheinungen*, d. h. von dem, was der – alltäglichen oder wissenschaftlichen – Erkenntnis mehr oder weniger direkt zugänglich ist. Hierzu zählen die praktisch erlebten Handlungen und Interaktionen und die damit unmittelbar einhergehenden Repräsentationen (Ideen, Erwartungen, Wissen, vorgestellte Ziele, Pläne usw.), kurzum die *Primärerfahrungen* sozialer Akteure im Sinne einer »praktischen Auffassung der sozialen Welt« (TdP 148). Gemeinsam ist diesen »Erscheinungen«, daß sie sich innerhalb des Handlungs- und Erfahrungshorizonts der jeweiligen Akteure befinden, deren alltagspraktischer Wahrnehmung direkt zugänglich sind und ihnen von daher als vollkommen natürlich und gewiß erscheinen. Eine dem phänomenologischen Subjektivismus verpflichtete Soziologie braucht dann im Prinzip diese (impliziten) Primärerfahrungen sozialer Akteure bloß explizit zu registrieren und gegebenenfalls zu systematisieren, um zu den von ihr erstrebten soziologischen Erkenntnissen zu gelangen. Damit gibt sie jedoch etwas als eine wissenschaftliche Erkenntnis aus, was tatsächlich kaum mehr denn die »Projektion eines Gemütszustandes« (SoSi 26) ist.

Mit seiner Begrenzung auf eine »wissenschaftliche Beschreibung der vorwissenschaftlichen Erfahrung« (SoSi 51) unterstellt der subjektivistische Ansatz eine *Kontinuität* zwischen den alltäglich-praktischen und den wissenschaftlich-theoretischen Erkenntnissen (die sich allenfalls graduell, nicht jedoch grundsätzlich voneinander unterscheiden) und vermittelt so eine »Illusion der Transparenz« (SaB 17), die der sozialen Welt aber, erkenntniskritisch betrachtet, keineswegs zukommt. Die deskriptive, oberflächlich bleibende Reproduktion der Alltagserfahrungen als Sozialwissenschaft auszugeben »heißt zudem, die Wissenschaft von der Gesellschaft einer *Bestandsaufnahme des krud Gegebenen*, kurz, der herrschenden Ordnung, gleichzustellen« (TdP 150) und somit die für (kritische) Wissenschaft konstitutive Distanz zu ihrem Erkenntnisgegenstand preiszugeben. Außerdem bleibt im Rahmen eines solchen Subjektivismus die Frage nach den Bedingungen der für die Primärerfahrungen charakteristischen Gewißheit und Selbstverständlichkeit – und somit auch die Frage nach den Bedingungen der Möglichkeit subjektivistischer Erkenntnis – ungestellt. (Vgl. SoSi 50)

Durch die unkritische Reproduktion subjektiver Primärerfahrungen reduziert sich die phänomenologisch-subjektivistische Soziologie, sieht man von ihren virtuellen herrschaftsstabilisierenden Effekten einmal ab, auf das, was Durkheim »Spontansoziologie« genannt und als wissenschaftlich unzureichend deshalb kritisiert hat, weil es solcher Soziologie an dem zur Erlangung *objektiver* Erkenntnis notwendigen *Bruch* mit den vorwissenschaftlichen Erkenntnissen und Begriffen (Durkheim nennt sie »prénotions«, d.h. Vorbegriffe) mangelt.[40] Anders, nämlich in der Tradition der hermeneutischen Terminologie, formuliert: Beschränkt sich die Soziologie auf eine Rekonstruktion des *subjektiv gemeinten Sinnes*, dann übersieht sie das soziologisch mitunter Entscheidende, denn: »Weil die Handelnden nie ganz genau wissen, was sie tun, hat ihr Handeln mehr Sinn, als sie selber wissen.« (SoSi 127) Dieses »Mehr« an Sinn, das den Akteuren nicht unmittelbar zugänglich ist, kann nur eine – wie auch immer konzipierte – objektivierende Methode erfassen. Diesbezüglich folgt Bourdieu mit aller Entschiedenheit Durkheim. (Vgl. SaB 273 und passim) Dessen methodologische Programmatik – daß der wissenschaftliche Gegenstand gegen die Versuchungen der Spontansoziologie objektiviert, d. h. konstruiert werden muß – sieht Bourdieu übrigens (zumindest implizit) schon bei Marx und dann auch bei Max Weber gegeben. (SaB 37)

Der Bruch mit den Vorbegriffen und den phänomenologischen Erkenntnissen der Spontansoziologie, kurz: »mit allen ›präkonstruierten‹ Repräsentationen« (TdP 149), stellt für Bourdieu jedoch, wie wir gleich sehen werden, nur einen ersten Schritt dar. Denn die richtige Einsicht des Subjektivismus, die es nach Bourdieu zu bewahren gilt, die aber der Objektivismus (Durkheim eingerechnet) nicht anerkennt, liegt darin, daß die Primärerfahrungen sozialer Akteure – einschließlich der mehr oder weniger expliziten Repräsentationen und Vorstellungen, die sie sich von ihrer Praxis bilden – *konstitutiver* Bestandteil der sozialen Welt, mithin mehr sind als die Quantité négligeable, als welche sie der Objektivismus ansieht.

2. Die objektivistische Erkenntnisweise sieht Bourdieu in ausgeprägter Weise im, nennen wir ihn »klassischen«, Strukturalismus realisiert: in der Linguistik von F. de Saussure, der Anthropologie von C. Lévi-Strauss und im philosophischen Marxismus von L. Althusser. Ebenfalls zu den objektivistischen Ansätzen zu rechnen ist der in der amerikanischen Soziologie vorherrschende Funktionalismus, mit dem sich Bourdieu allerdings nur sehr beiläufig auseinandersetzt.

Indem der Strukturalismus Modelle *objektiver*, d. h. vom Willen und Bewußtsein der Akteure unabhängiger *Relationen* (beispielsweise sprachlicher, verwandtschaftlicher oder ökonomischer Art) konstruiert, geht er einen wesentlichen Schritt über die »spontansoziologische« Wiedergabe der primären Alltagserfahrungen und Vorbegrifflichkeiten hinaus:

»Die hier *objektivistisch* genannte Erkenntnisweise (wovon die strukturalistische Hermeneutik nur einen Sonderfall bildet) erstellt die – gewöhnlich ökonomischen oder linguistischen –

objektiven Beziehungen, die die verschiedenen Praxisformen und deren Repräsentationen, d.h. im besonderen die praktische und stillschweigende primäre Erfahrung der vertrauten Welt, strukturieren – freilich um den Preis des Bruchs mit dieser primären Erfahrung, folglich mit den stillschweigend übernommenen Voraussetzungen, die der sozialen Welt ihren evidenten und natürlichen Charakter verleihen.« (TdP 147)

»Soziale Tatbestände wie Dinge zu behandeln«: in diese Formel faßte Durkheim seinen methodologischen Grundsatz zur Erlangung objektiver Erkenntnis. Er meinte damit keineswegs, soziale Sachverhalte seien von ontologisch gleicher Natur wie physikalische Objekte (das Soziale war für ihn im Gegenteil eine »Realität sui generis«) und die Soziologie müsse folglich eine Naturwissenschaft sein. Vielmehr ging es ihm um die Beschreibung einer geistigen Haltung, die soziale Gegenstände gleichsam »von außen« betrachtet, unter methodisch kontrollierter Ausschaltung der subjektiv-praktischen Beziehung zu diesen Gegenständen, bei welcher die »Spontansoziologie« (von soziologischen Laien oder von »subjektivistischen« Vertretern der Profession) gerade verharrt. An der Notwendigkeit dieser distanzierten, objektivierenden Haltung zu den Gegenständen der Erkenntnis – und dem daraus resultierenden esoterischen Charakter (RuA 72), den schon Durkheim der Soziologie als Wissenschaft zuschrieb – hält auch Bourdieu, wie wir gehört haben, nachdrücklich fest. In Anlehnung an Bachelard spricht er auch von einem »epistemologischen Bruch« (»rupture épistémologique«) mit der Primärerfahrung.

Objektivistisch nun, im Unterschied zu objektiv, wird soziologische Erkenntnis jedoch dann, wenn der notwendige Bruch mit den Präkonstruktionen verabsolutiert und der dem Subjektivismus entgegengesetzte Fehler begangen wird, die Primärerfahrungen der Subjekte wo nicht völlig zu ignorieren, so doch als bloß sekundäre, abgeleitete und daher tendenziell vernachlässigbare Rationalisierungen oder Ideologien zu begreifen. Der Primat kommt hier den – allein vom Wissenschaftler erfaßbaren – *objektiven* Strukturen (bzw. Funktionen, Gesetzen) zu, die unabhängig von den Primärerfahrungen der Akteure, ja von den leibhaftigen Akteuren selbst, existieren.

Dadurch postuliert der Objektivismus »eine schroffe Diskontinuität zwischen der wissenschaftlichen und der praktischen Erkenntnis« (SoSi 51). Und in gewissem Sinne behauptet er eine Überlegenheit der ersteren über die letztere; denn: »Jede objektivistische Erkenntnis enthält einen Anspruch auf legitime Herrschaft.« (SoSi 55) Gleich dem Subjektivismus klammert allerdings auch der Objektivismus die Frage nach den Bedingungen seiner eigenen Möglichkeit aus, d.h. hier: die Frage nach den Bedingungen der Möglichkeit objektiver Erkenntnis (die er zur Begründung seines Überlegenheitsanspruches, sofern diese überhaupt möglich ist, notwendigerweise stellen müßte).

3. Bourdieus Auffassung zufolge sind nun die vom Objektivismus tendenziell ignorierten sozialen Akteure mit ihren praktischen Erfahrungen und Alltagserkenntnissen (über deren Genese im nächsten Kapitel noch zu reden sein wird) konstitutiver Bestandteil der sozialen Welt und müssen in dieser Eigenschaft von der soziologischen Analyse, neben den objektiven Strukturfaktoren, berücksichtigt werden. Diese Berücksichtigung geschieht (wieder) mit der von Bourdieu so genannten *praxeologischen Erkenntnisweise*, die dadurch die beiden komplementären Einseitigkeiten von Subjektivismus und Objektivismus vermeiden soll: »Die praxeologische Erkenntnis annulliert nicht die Ergebnisse des objektiven Wissens, sondern bewahrt und überschreitet sie.« (TdP 148)

Folglich geht es Bourdieu bei seiner Begründung der praxeologischen Erkenntnisweise weder um eine Infragestellung der

Möglichkeit objektiver Erkenntnis noch um die Perpetuierung der objektivistischen Ignoranz bezüglich der spezifischen Eigenart subjektiv-praktischer Erkenntnis. Vielmehr zielt er auf eine Überschreitung des für wissenschaftliche Erkenntnis unverzichtbaren »provisorischen Objektivismus« (SaB 21 f.) durch die Wiedereinbeziehung der in einem ersten Schritt ausgeklammerten Primärerfahrungen sozialer Akteure (und der mit diesen praktischen Erfahrungen einhergehenden Wahrnehmungen und Repräsentationen). Dieses Wiedereinbeziehen der primären Erfahrungen stellt einen »zweiten Bruch« (SoS 52) dar, und zwar einen Bruch dieses Mal mit der objektivistischen Erkenntnis.

Wie hat man sich diesen Bruch mit dem Objektivismus durch Integration subjektiver Erkenntnisleistungen vorzustellen? Da Bourdieu, wenn er über theoretische Erkenntnisweisen spricht, auf einer metatheoretischen Ebene argumentiert, kann es ihm konsequenterweise nicht (nur) um die inhaltlich-theoretische Wiedereinbeziehung subjektiver Erkenntnis- und Wissensformen, etwa mit dem Hinweis auf deren alltagspraktische Wirksamkeit bei der Reproduktion bzw. Transformation sozialer Wirklichkeit, gehen. Zwar spielt das Wissen sozialer Akteure in seiner für die soziale Welt konstitutiven Bedeutung im Rahmen der Soziologie Bourdieus, zumal in der Klassentheorie und der Politischen Soziologie, eine wichtige Rolle. Doch die Begründung der praxeologischen Erkenntnisweise zielt auf etwas Grundsätzlicheres ab: Angestrebt wird die Überwindung der »scheinbaren Antinomie der beiden Erkenntnisweisen« (SoSi 52) mittels einer »*kritischen Erkenntnis* der Grenzen jeder theoretischen Erkenntnis, sei sie nun subjektivistisch oder objektivistisch« (SoSi 52).

Mithin gelangt man zur Bestimmung der Eigenart praxeologischer Erkenntnis – in einem ersten Schritt – auf gleichsam negative Art und Weise, nämlich durch die kritische Analyse der

Grenzen, die sowohl der subjektivistischen als auch der objektivistischen Erkenntnis notwendigerweise gezogen sind. Indem beide Erkenntnisweisen, so Bourdieus Kritik, die für jede *theoretische* Erkenntnis konstitutiven Bedingungen weitgehend unanalysiert hinnehmen, ignorieren sie die daraus für die *Reichweite ihrer Geltungsansprüche* resultierenden Grenzen. Diese unkritische Haltung nährt zwei komplementäre Illusionen: die subjektivistische »Illusion einer unmittelbaren Erkenntnis« und die objektivistische »Illusion absoluten Wissens« (SaB 273).

Zur »kritischen Erkenntnis der Grenzen jeder theoretischen Erkenntnis« gelangt Bourdieu auf dem Wege einer »Kritik der theoretischen Vernunft.« (SoSi 47 ff.) Diese (sehr kantianische) Kritik zielt auf die Analyse der Bedingungen – und die Beurteilung der daraus resultierenden Grenzen – theoretischer Erkenntnis.

Die allgemeinste Bedingung, die für sozialwissenschaftliche Erkenntnis, um nur von dieser zu sprechen, konstitutiv ist, besteht darin, daß diese sich – per definitionem – von der gesellschaftlichen Praxis, die von ihr untersucht wird, zurückzieht und folglich diese Praxis aus einer distanzierten Perspektive des Unbeteiligtseins betrachtet. Mit anderen Worten, für theoretische (d. h. wissenschaftliche) Erkenntnis gelten die Bedingungen der Handlungsentlastetheit, also des Entbundenseins von den ökonomischen und sozialen Zwängen und Zwecken der Praxis. Erst diese Suspension von unmittelbar praktischen Zwängen ermöglicht sowohl die individuelle Aneignung als auch die institutionell organisierte Anwendung der im Laufe der Wissenschaftsgeschichte akkumulierten Erkenntnisinstrumente (Theorien, Methoden, Modelle usw.).

Hier stoßen wir auf den altbekannten Gegensatz von Theorie und Praxis, der praxistheoretisch reformuliert werden kann als Gegensatz von »theoretischer« (wissenschaftlicher) Praxis und

»praktischer« (alltäglicher) Praxis. Mit diesem Gegensatz zweier Praxisweisen geht der Gegensatz zweier Erkenntnisweisen einher: wissenschaftliche (»theoretische«) Erkenntnis auf der einen und »praktische« Erkenntnis auf der anderen Seite.

Vor dem Hintergrund dieser Unterscheidung kann Bourdieu feststellen, daß Subjektivismus wie Objektivismus »als wissenschaftliche Erkenntnisweisen [...] gleichermaßen im Gegensatz zur praktischen Erkenntnisweise stehen, der Grundlage der normalen Erfahrung der Sozialwelt« (SoSi 49). Der Subjektivismus tritt in Gegensatz zur praktischen Erkenntnisweise dadurch, daß er explizit macht, was in dieser implizit bleibt, nämlich die praktische Erfahrung der sozialen Welt als selbstverständlich gegebene; der Objektivismus dadurch, daß er seine Erkenntnisse in einem radikalen Bruch mit den Vertrautheiten und Gewißheiten der subjektiv-praktischen Wahrnehmungen und Erfahrungen sozialer Akteure konstruiert.

Aus dem Gegensatz von theoretisch-distanzierter und praktischer, d.h. den Anforderungen der Praxis untergeordnet und zudem weitgehend implizit bleibender Erkenntnis resultiert für die Sozialwissenschaften eine spezifische Problematik, die nur selten hinreichend reflektiert und begriffen wird. Denn viele sozialwissenschaftliche Theorien begehen Bourdieu zufolge den verhängnisvollen epistemologischen oder, genauer, »epistemozentrischen« (ÜsA 344) Irrtum, die wissenschaftliche, also handlungsentlastete Sicht der Praxis kurzschlüssig zu identifizieren mit derjenigen Sicht, welche die Akteure sich selbst im leiblichen Vollzug der Praxis von dieser bilden. Bourdieu nennt diesen Kurzschluß »Intellektualismus« bzw. »Intellektualozentrismus« (SoSi 56), oder er spricht von einem scholastischen Fehlschluß, »scholastic fallacy« (ÜsA 347; AaE 401), der genau darin besteht, die genuin praktische und weitgehend implizit bleibende Erkenntnisweise, die für soziale Akteure im Vollzug der Praxis charakteristisch ist, stillschweigend gleichzusetzen mit den unter den völlig anderen Bedingungen der »scholè« (ÜsA passim), der Muße und Handlungsentlastetheit, stehenden (theoretischen) Erkenntnisweisen der Wissenschaftler und Intellektuellen.

Um in einem Bild zu sprechen: Der Fehler des Intellektualismus – zu dem die »Intellektuellen« aufgrund ihres spezifischen erkenntnistheoretischen und gesellschaftlichen Verhältnisses zur sozialen Welt neigen – besteht darin, »den Standpunkt des Schauspielers mit dem des Zuschauers zu verwechseln« (SoSi 151). Dies ist beispielsweise dann der Fall, wenn Lévi-Strauss, so der Vorwurf Bourdieus, ein zur Erklärung einer bestimmten Praxis konstruiertes Modell von Regelmäßigkeiten unter der Hand in die Akteure hineinverlegt und so tut, als sei dieses Modell bestimmendes Moment und reale Ursache von deren Praxis. (Vgl. SoSi 57 ff.) Den gleichen Fehler begehen, um ein Beispiel aus dem subjektivistischen Theoriereservoir zu nehmen, die rationalistischen Handlungstheorien (»Rational Choice Theory«, »Rational Action Theory«), die, überspitzt gesagt, den einzelnen Akteur als einen kalkulierenden Buchhalter konzeptualisieren, der vor Ausführung einer Handlung die für ihn jeweils günstigste Kosten-Nutzen-Relation berechnet – und dann auch tatsächlich nach dieser handelt. (Vgl. hierzu SoSi 86 f.)

Bourdieus Option, die praxeologische Erkenntnisweise, grenzt sich nun kritisch von der subjektivistischen wie der objektivistischen in erster Linie dadurch ab, daß sie die spezifische Eigenart, ja Eigenlogik der praktischen Erkenntnis und deren *grundsätzliche Nicht-Reduzierbarkeit auf irgendeine Form theoretischer Erkenntnis* zur Geltung bringt. Die Herausstellung der grundlegenden (logischen) Differenz von praktischer und theoretischer Erkenntnis intendiert keine romantische Idealisierung der Praxis und auch keine Diskreditierung der Theorie, sondern zielt auf die Analyse und anschließende theoretische Präzisierung der spezifischen Eigenlogik sozialer (Alltags-) Praxis.

Damit sind wir, positiv gewendet, bei der ersten wichtigen theoretischen Konsequenz von Bourdieus erkenntniskritischem Argument angelangt, nämlich bei seiner *praxeologischen Theorie der Praxis*. Diese »Theorie der Praxis als Praxis« (SoSi 97) rekonstruiert die genuine Eigenart gesellschaftlicher Praxis- und Erkenntnisformen, genauer noch: sie begründet durch eine Analyse der Bedingungen von Praxisentlastetheit die These der logischen Differenz von theoretischem, d.h. wissenschaftlichem Erkennen und Handeln auf der einen und alltagspraktischem, zweckgebundenem Erkennen und Handeln auf der anderen Seite. Anhand mehrerer Kriterien wird diese logische Differenz von Bourdieu näher bestimmt.

Bekanntlich unterliegt wissenschaftliche Theoriebildung – idealerweise – den strengen Regeln der Logik (Eindeutigkeit, Widerspruchsfreiheit usw.). Doch nur unter der Voraussetzung der Praxisentlastetheit, also der Suspension von den unmittelbaren Zwecken und Zwängen alltäglicher Praxis, lassen sich Erkenntnisse theoretisch begründen und gemäß den oben genannten logischen Regeln konstruieren. Im Unterschied dazu gehorcht die alltägliche Praxis und die mit ihr verbundene Wahrnehmung und Erkenntnisform einer anderen, einer spezifisch praktischen Logik. In gewisser Weise handelt es sich bei der Logik der Praxis um ein – im Vergleich zur Logik der Theorie – *Weniger an Logik* oder, genauer gesagt, um eine »*Ökonomie der Logik*, die dafür sorgt, daß nicht mehr Logik aufgewendet wird als für die Bedürfnisse der Praxis erforderlich« (SoSi 158).

Bourdieu präzisiert die Eigenlogik gesellschaftlicher Praxis anhand mehrerer Kriterien, und zwar vor allem im Zusammenhang seiner ethnologischen Analysen zum Gabentausch und zur rituellen Praxis. Unter Absehung von den ethnologischen Einzelheiten wollen wir die Eigenart der praktischen Logik kurz erläutern. (Siehe zum folgenden SoSi 147 ff. und TdP 217 ff.)

Das entscheidende Kriterium, das der Praxis ihre eigentümliche Logik verleiht, liegt in der spezifischen Form von *Zeitlichkeit*, der jede soziale Praxis unterliegt. Die Zeit der Praxis ist irreversibel, unumkehrbar und bildet ein Kontinuum, innerhalb dessen die Akteure ihre Praktiken ausführen. Für eine Handlung ist mithin der Zeitpunkt ihrer Ausführung konstitutiv, d. h., sie ist vom Vorher und Nachher der Praktiken abhängig, in deren unmittelbarem Kontext sie stattfindet.

Wenn nun die Sozialwissenschaften unter den Bedingungen der Handlungsentlastetheit daran gehen, die Praxis zu analysieren, wird die Zeit reversibel, umkehrbar, gleichsam »aufgehoben.« (SoSi 149) Im Unterschied zu dieser »zeitlosen Zeit der Wissenschaft« (SoSi 148) sind für die Zeit der Praxis eine bestimmte *Richtung*, gegebenenfalls ein spezifischer *Rhythmus* und zumeist die Bedingungen der *Dringlichkeit* und Unaufschiebbarkeit charakteristisch. Vor allem durch diese mehr oder weniger universellen zeitlichen Zwänge – die wiederum eng mit ungleich verteilten sozialen und ökonomischen Zwängen verbunden sind – unterliegt jegliche soziale Praxis einer spezifisch praktischen Logik, und zwar in jeder Gesellschaft. (Vgl. SoSi 40 f.)

Ins Positive gewendet, und damit haben wir die abstrakten Gefilde der Erkenntnistheorie bereits verlassen, führt also die Kritik der theoretischen oder, wie man auch sagen kann, der »scholastischen Vernunft« (ÜsA 349) zu einer *praxeologischen Theorie der Praxis*, die eine fundamentale Differenz von theoretischer (Erkenntnis-)Praxis und praktischer (Erkenntnis-)Praxis behauptet und diese Differenz auf die unterschiedlichen zeitlichen, sozialen und ökonomischen Bedingungen der beiden Praxisformen zurückführt. Hier zeigt sich, wie eng erkenntnis-, d.h. metatheoretische und eigentlich theoretische Fragestellungen bei Bourdieu zusammenhängen und daß erstere nicht unabhängig von letzteren behandelt werden können.

Welche Grenzen nun ergeben sich daraus für die theoretische (soziologische) Erkenntnis im allgemeinen? In erster Linie die, daß unter den Bedingungen der Praxisentlastetheit gewonnene wissenschaftlich-theoretische Erkenntnisse, streng betrachtet, Gültigkeit nur im Rahmen dieser Praxisentlastetheit besitzen, genauer noch: innerhalb des Wissenschaftsfeldes, und daß sie nicht mit den im Kontext der alltäglichen Praxisformen produzierten Erkenntnissen gleichgesetzt werden dürfen. Unter den privilegierten Bedingungen der Praxisentlastetheit im Felde der Wissenschaft gewonnen, kann die wissenschaftliche Erkenntnisform zwar eine (spezifisch wissenschaftliche) Wahrheit, aber keine unmittelbare Praxisrelevanz beanspruchen. Folglich resultieren die *Grenzen* der wissenschaftlichen Erkenntnis gerade aus den erkenntnistheoretischen und gesellschaftlich-institutionellen *Privilegien*, auf denen diese Erkenntnisform beruht. (Vgl. SoSi 55)

Umgekehrt brauchen sich die praktischen Erkenntnisse sozialer Akteure nicht an der wissenschaftlichen Erkenntnisform und an den strengen Kriterien formaler Logik und Wissenschaftlichkeit zu messen, da ihre eigene, praktische Logik für die Zwecke der Praxis (im Prinzip) völlig ausreichend ist. Mit diesem Argument ist die Primärerfahrung sozialer Akteure, auch wenn die objektivierende soziologische Analyse mit ihr brechen muß, in ihrer spezifischen Eigenständigkeit und Eigenlogik zur Geltung gebracht. Ihre Genese und die »doxische« Gewißheit, mit der sie von den Akteuren erlebt wird, sind damit freilich soziologisch noch nicht hinreichend geklärt. Dies leistet – als Theorie der alltagspraktischen Erkenntnis – erst die Habitustheorie, der wir uns im folgenden Kapitel zuwenden.

An dieser Stelle können wir Bourdieus Soziologie-Verständnis, wie es sich im Zuge seiner Kritik an Objektivismus und Subjektivismus herauskristallisiert hat, resümieren: Der Ausgangspunkt seiner Soziologie ist ein konstruktivistischer, der den Bruch mit den Primärerfahrungen der »Spontansoziologie« vollzieht, diesen Bruch jedoch in einem zweiten Schritt durch die »Rehabilitierung« der Primärerfahrung sozialer Akteure relativiert. Damit bietet der Bourdieusche Strukturalismus eine wissenschaftstheoretische Alternative *jenseits* des Dualismus von (subjektive Sinnbeziehungen rekonstruierender) Hermeneutik und (objektive Funktionen analysierendem) Funktionalismus.

Die »Rehabilitierung« alltagspraktischen Handelns und Erkennens geschieht nun in zwei Schritten: 1. durch die grundlegende praxistheoretische Begründung der handlungs- und erkenntnislogischen Differenz von Theorie und Praxis, 2. durch die Habitustheorie, welche, theoretisch weitergehend, die generativen Mechanismen von Praxis und praktischem Erkennen klärt. Die praxeologische Theorie der Praxis, so können wir festhalten, stellt mithin nur ein erstes theoretisches Instrumentarium dar, das zur Überwindung des Dualismus von Subjektivismus und Objektivismus notwendig, aber keineswegs hinreichend und deshalb durch andere Konzepte zu ergänzen ist.

3. Die Dispositionen des Habitus und die Dialektik von Habitus und Feld

Die nächste Theoriekomponente Bourdieus, der wir, das Bisherige unmittelbar weiterführend, unsere Aufmerksamkeit schenken wollen, ist die Habitustheorie. Gleich der Theorie der Praxis ist das Habituskonzept in allen ethnologischen und soziologischen Untersuchungen Bourdieus präsent oder steht zumindest als Erklärungsansatz im Hintergrund. Formal gesehen stellt die Habitustheorie ein weiteres Instrumentarium dar, das auf theoretischer Ebene zwischen Objektivismus und Subjektivismus vermitteln und deren komplementäre Einseitigkeiten vermeiden soll. Inhaltlich betrachtet kommt in der Habitustheorie Bourdieus Konzeptualisierung dessen zum Tragen, was an Individuen in ihrer Eigenschaft als soziale Akteure soziologisch relevant ist.

Auch hier sei vorab darauf hingewiesen, daß das Habituskonzept von Bourdieu ursprünglich nicht als theoretischer Lösungsvorschlag allgemeinsoziologischer Problemstellungen intendiert war (auch wenn es im nachhinein als ein solcher interpretiert werden kann), sondern sich aus empirischen Forschungsfragen heraus entwickelt hat. Aus diesem Grunde ist die Habitustheorie von Bourdieu als relativ offenes Konzept angelegt und kann auch, je nach Forschungs- und Argumentationszusammenhang, unterschiedliche Akzente haben. Wir wollen in diesem Kapitel die wichtigsten Merkmale des Habitus – hier verstanden als Dispositionssystem sozialer Akteure – rekonstruieren, ohne daß damit schon alle theoretischen Implikationen des Habituskonzepts angesprochen wären, von seinen forschungspraktischen

Verwendungsmöglichkeiten ganz zu schweigen. Denn es wird sich zeigen, daß der Habitusbegriff nicht nur in enger Verbindung mit der Theorie der Praxis, sondern auch in direktem Zusammenhang mit den Konzepten steht, die uns in den nächsten beiden Kapiteln beschäftigen werden: die Theorie sozialer Felder und die Klassentheorie.

Um den Anschluß an das vorangegangene Kapitel herzustellen, kann man sagen, daß die Habitustheorie die Theorie der Praxis insofern fortführt (oder Bestandteil derselben ist), als sie eine »Theorie des Erzeugungsmodus der Praxisformen« (TdP 164) darstellt. Mit anderen Worten, ein wesentlicher Gegenstand der Habitustheorie ist die konstitutionstheoretische Problematik, wie soziale Praxis zustande kommt, d.h. generiert wird. Unmittelbar damit verbunden sind auch die erkenntnissoziologischen Implikationen der Habitustheorie, nämlich die Frage, wie Akteure die gesellschaftliche Praxis, in die sie involviert sind, wahrnehmen, erfahren, erkennen. Im Hinblick auf diese Fragestellung fungiert die Habitustheorie als »Theorie der praktischen Erkenntnis der sozialen Welt« (TdP 148).

Der Begriff des *Habitus* – dem die vielschichtige Bedeutung von *Anlage, Haltung, Erscheinungsbild, Gewohnheit, Lebensweise* eignet – hat eine breite philosophische und soziologische Tradition. Er findet sich bei so unterschiedlichen Autoren wie Hegel, Husserl, Weber, Durkheim und Mauss. (Vgl. RuA 30) Doch in keiner Sozialtheorie kommt ihm die zentrale Bedeutung zu, die er in Bourdieus theoretischer Gesamtkonzeption, die sich natürlich nicht auf die Habitustheorie reduzieren läßt, innehat. Im Habituskonzept kommen die grundlegenden oder, wie man sie auch nennen kann, die *anthropologischen* Annahmen (vgl. AaE 396 f.; SF 35, 73 f.) Bourdieus über die soziologisch fundamentalen Eigentümlichkeiten sozialer Akteure zum Tragen. Dies mündet sogar in den schon früh, vermutlich noch unter dem Einfluß von Lévi-Strauss erhobenen Anspruch, eine »allgemeine Anthropologie« (IK 13) zu begründen – ein theoretischer Anspruch, der, obwohl in dieser Explizitheit zeitweilig zurückgestellt, in neueren Publikationen erneut bekräftigt wird. (RP 170 f.)

Auf sehr allgemeine Weise definiert Bourdieu Habitusformen als »Systeme dauerhafter *Dispositionen*, strukturierte Strukturen, die geeignet sind, als strukturierende Strukturen zu wirken, mit anderen Worten: als Erzeugungs- und Strukturierungsprinzip von Praxisformen und Repräsentationen« (TdP 165). Die anthropologische Grundannahme Bourdieus liegt mithin darin, daß soziale Akteure mit systematisch strukturierten Anlagen ausgestattet sind, die für ihre Praxis – und ihr Denken über die Praxis – konstitutiv sind. Nicht das gemäß einem freien, selbstgewählten Entwurf handelnde Subjekt, wie man es in aller Radikalität bei Sartre und in abgeschwächter Form bei den rationalistischen Handlungstheorien findet (vgl. SoSi 79 ff.), sondern der gesellschaftlich geprägte Akteur steht im Mittelpunkt dessen, was man auch als Bourdieus soziologisches »Menschenbild« bezeichnen könnte.

Damit steht die Habitustheorie, wie angedeutet, in Opposition zu voluntaristischen Handlungstheorien, die das Prinzip des Handelns in den »freien« Entscheidungen der Akteure suchen; sie stellt statt dessen den Sachverhalt ins Zentrum, daß jeder Akteur gesellschaftlich prädeterminiert ist, und zwar dergestalt, daß diese Prädetermination als bestimmender Faktor in seine gegenwärtigen und zukünftigen Handlungen einfließt. Präziser muß man sagen, daß nicht der soziale Akteur an sich gesellschaftlich bedingt ist, sondern sein Habitus, und daß der Habitus nicht das ausschließliche Prinzip des Handelns ist, sondern »ein Produktionsprinzip von Praktiken unter anderen« (AaE 397). Damit allerdings der Habitus als praxisgenerierendes Prinzip gleichsam

»außer Kraft gesetzt« wird, müssen spezifische Bedingungen gegeben sein, auf die wir noch zu sprechen kommen werden. (Siehe Kapitel 4) Trotz dieser Einschränkung ist der Habitus innerhalb der Soziologie Bourdieus das zentrale Konzept, das er, zumal auf der makrosoziologischen Ebene gesellschaftlicher Reproduktion, zur Erklärung der Genese von Praxisformen heranzieht.

Ein Habitus ist also gesellschaftlich – und damit zugleich historisch – bedingt, d.h., er ist nicht angeboren, sondern beruht auf (individuellen und kollektiven) Erfahrungen, genauer gesagt, »er gewährleistet die aktive Präsenz früherer Erfahrungen, die sich in jedem Organismus in Gestalt von Wahrnehmungs-, Denk- und Handlungsschemata niederschlagen« (SoSi 101).

Folgt man diesem Zitat, dann lassen sich an den Dispositionen des Habitus drei Aspekte analytisch auseinanderhalten: 1. die *Wahrnehmungsschemata*, welche die alltägliche Wahrnehmung der sozialen Welt strukturieren (man könnte auch, um sie vom nächsten Punkt abzugrenzen, vom sensuellen Aspekt der praktischen Erkenntnis sprechen), 2. die *Denkschemata*, zu denen (a) die Alltags-»Theorien« und Klassifikationsmuster zu rechnen sind, mit deren Hilfe die Akteure die soziale Welt interpretieren und kognitiv ordnen, (b) ihre impliziten ethischen Normen zur Beurteilung gesellschaftlicher Handlungen, d.h. ihr »Ethos«[41] (TdP 167, passim), und (c) ihre ästhetischen Maßstäbe zur Bewertung kultureller Objekte und Praktiken, kurz ihr »Geschmack« (FU 278, passim), 3. schließlich die *Handlungsschemata*, welche die (individuellen oder kollektiven) Praktiken der Akteure hervorbringen.

Selbstverständlich sind Wahrnehmungs-, Denk- und Handlungsschemata im Vollzug der Praxis unauflöslich miteinander verflochten und wirken immer zusammen. Gemeinsam ist ihnen, daß sie mehr oder weniger unbewußt bzw. implizit sind und gewöhnlich nicht oder »nur höchst bruchstückhaft« (FU 283) die Ebene des diskursiven Bewußtseins erreichen – und dies im Sinne der praktischen Logik auch gar nicht müssen. Mit anderen Worten: Die drei Stränge der (theoretischen) Vernunft, die spätestens mit Kant und der modernen Philosophie und Wissenschaft auseinandergetreten sind, nämlich Theorie, Ethik und Ästhetik, bleiben in der Alltagspraxis und den ihr zugrundeliegenden generativen Schemata unauflöslich miteinander verknüpft; sie sind lediglich analytisch trennbar. Zudem bleiben sie, da der Praxis und ihrer spezifischen Logik verpflichtet, in einem impliziten Zustand. Folglich haben wir es bei den Schemata des Habitus nicht mit Elementen einer Theorie, einer Ethik und einer Ästhetik zu tun, sondern mit dem Zusammenspiel von »Eidos« (verstanden als »System logischer Schemata«; SF 127), »Ethos« und »Geschmack«.

Die Betonung der Unbewußtheit – *unbewußt* nicht im psychoanalytischen, sondern in dem Sinne, daß ihre Genese, d.h. Geschichte vergessen wurde (vgl. SF 79) – und Implizitheit der habituellen Schemata führt die im Zusammenhang erkenntnistheoretischer Überlegungen schon vorgebrachte Kritik des Intellektualismus auf theoretischer Ebene weiter. Die nächste Implikation der Habitustheorie macht dies besonders deutlich.

Indem das habituelle Dispositionssystem Wahrnehmungs-, Denk- und Handlungsschemata bereithält, welche zur Orientierung innerhalb der sozialen Welt und zur Hervorbringung angemessener Praktiken dienen, stellt es die Grundlage dessen dar, was Bourdieu als den sozialen Sinn (»le sens pratique«) bezeichnet. (Vgl. TdP und SoSi passim) Dieser praktische Sinn dient den Akteuren als Orientierungssinn, der ihnen hilft, sich innerhalb der sozialen Welt im allgemeinen und spezifischer Praxisfelder im besonderen zurechtzufinden. Zugleich fungiert er als Sinn für die Ausführung von Praktiken, die »*sinnvoll*, d.h. mit Alltagsverstand ausgestattet sind« (SoSi 127). Der soziale Sinn des Habitus vereint in sich und synthetisiert gleichsam alle Sinne, die in irgendeiner Weise praxisrelevant sind. Neben den traditionellen fünf Sinnen erwähnt Bourdieu den allgemeinen Orientierungs- und Wirklichkeitssinn, den moralischen Sinn für Verantwortung, Verpflichtung und Pflicht, den religiösen Sinn für das Sakrale, den politischen Sinn, den ästhetischen Sinn für Schönheit, den Sinn für Humor und für das Lächerliche, den Sinn fürs Geschäft und einige andere mehr. (TdP 270)

Gewöhnlich funktioniert der die Praktiken organisierende soziale Sinn »mit der automatischen Sicherheit eines Instinkts« (SoSi 191), also jenseits aller expliziten Überlegungen und Reflexionen. Diesen Gedanken noch einen Schritt weiterführend (und hier macht sich der Einfluß von Marcel Mauss bemerkbar[42]), betont Bourdieu die Verankerung des sozialen Sinnes im menschlichen Körper und die Formung des letzteren durch die habituellen Schemata. Auch die »leibliche Hexis« (SoSi 136), d.h. die Körperhaltung und -bewegung, ja selbst die Art zu sprechen (vgl. WhS) sind durch den Habitus bedingt. Die habituellen Dispositionen sind auf eine derart fundamentale Weise im Körper verankert, daß sie bis in die entwicklungspsychologisch grundlegende Schicht der motorischen Schemata reichen und dadurch die menschliche Existenzweise von Grund auf prägen. Kurzum: »Was der Leib gelernt hat, das besitzt man nicht wie ein wiederbetrachtbares Wissen, sondern das ist man.« (SoSi 135)

Dies alles führt dazu, daß wir – wie Bourdieu, Leibniz zitierend, konstatiert – »in Dreiviertel unserer Handlungen Automaten sind« (FU 740). Mit dieser Einschätzung ist Bourdieu von jeglichem Intellektualismus, auch von dem gängigen handlungstheoretischen Rationalismus, denkbar weit entfernt. Die Habitustheorie wird der im vorangegangenen Kapitel herausgestellten Eigenlogik sozialer Praxis dadurch gerecht, daß sie Praxisformen im wesentlichen auf die impliziten, generativen Schemata des habituellen Dispositionssystems, des »sozialisierten Körpers« (SF 28) zurückführt, in welchem die praktische Vernünftigkeit des sozialen Sinnes – im Unterschied zur ausdrücklich kalkulierenden oder argumentierenden Vernunft der rationalistischen Theorien – zum Tragen kommt.

Im Habitus, so können wir in einem ersten Resümee festhalten, vereinen sich also kognitive, evaluative und motorische Schemata zu einem systematisch angelegten »Erzeugungsprinzip« (FU 278) sozialer Praxisformen. Selbst emotionale Momente kommen ins Spiel, insofern sich ein Akteur in einem spezifischen Praxisfeld engagiert, es affektiv besetzt und in ihm, vermittelt über seinen Habitus, Handlungen tätigt.

Vom individuellen Akteur ausgehend, haben wir mit Bourdieu das Habituskonzept auf recht allgemeine Weise als System dauerhafter Dispositionen definiert, in dem Wahrnehmungs-, Denk- und Handlungsschemata zusammenwirken. Die gesellschaftliche Bedingtheit des Habitus wurde betont, doch ohne im einzelnen zu thematisieren, *welche* differentiellen gesellschaftlichen Bedingungen *auf welche Weise* für die Habitusprägung konstitutiv sind. Damit bewegen wir uns, genaugenommen, noch mehr oder minder im Rahmen der Psychologie.[43]

Ein bedeutendes Merkmal des habituellen Dispositionssystems – und erst damit betreten wir den eigentlichen Boden der Soziologie – liegt in seiner Determiniertheit durch die spezifische Position, die der betreffende Akteur oder eine Gruppe von Akteuren innerhalb der Sozialstruktur einnimmt. Und genau dieser Einfluß, den die sozialstrukturelle Position auf ein Dispositionssystem hat, begründet die soziologisch relevanten Unterschiede, die zwischen den Habitusformen verschiedener Akteure, genauer gesagt: verschiedener Gruppen oder Klassen von

Akteuren, bestehen. Mit anderen Worten, jede (individuelle) Habitusform ist, soziologisch gesehen, immer auch durch klassenspezifische Faktoren bedingt.

Um zu verstehen, wie diese klassenspezifische Determination des Habitus zustande kommt (die selbstverständlich, diachron betrachtet, zugleich eine spezifisch historische Determination darstellt), müssen wir Bourdieus Auffassung von der Genese des Habitus genauer betrachten. Ein Habitus, so sagten wir, ist gesellschaftlich bedingt, durch Erfahrungen erworben. Präzisierend können wir jetzt hinzufügen: Der Habitus ist sozialstrukturell bedingt, d.h. durch die spezifische Stellung, die ein Akteur – und die soziale Klasse, der man ihn zurechnen kann – innerhalb der Struktur gesellschaftlicher Relationen innehat; er formt sich im Zuge der Verinnerlichung der äußeren gesellschaftlichen (materiellen und kulturellen) Bedingungen des Daseins. Diese Bedingungen sind, zumindest in modernen, differenzierten Gesellschaften, ungleich, nämlich klassenspezifisch verteilt.

Von der frühesten Kindheit an, vermittelt über die sozialisatorische Praxis, bestimmen die objektiv vorgegebenen materiellen und kulturellen Existenzbedingungen eines Akteurs, mithin die Lebensbedingungen seiner Familie und sozialen Klasse, die Grenzen seines Handelns, Wahrnehmens und Denkens. Den »ursprünglichen Erfahrungen« kommt hierbei ein »besonderes Gewicht« zu. (SoSi 113) Doch der Habitus ist, im Unterschied zum Charakter, Produkt einer Geschichte und deshalb, wie diese, »in unaufhörlichem Wandel begriffen« (AaE 406). Die weitere soziale Laufbahn und die dabei sich vollziehende Sozialisation fügen den frühen Prägungen neue, den Habitus (mehr oder weniger) modifizierende Erfahrungen hinzu. Aber auch hierbei gilt, daß die ökonomisch und kulturell verfügbaren Ressourcen und Bedingungen die Handlungs- und damit Erfahrungsgrenzen, die einem Akteur bzw. einer Gruppe von Akteuren gezogen sind, weitgehend festlegen.

Wie das *Handeln* innerhalb der verschiedenen Felder der sozialen Welt von den jeweils verfügbaren ökonomischen, kulturellen und sozialen Kapitalressourcen abhängt (siehe hierzu Kapitel 4), so ist auch das *Denken* über die soziale Welt von (primär kulturellen) Ressourcen abhängig und darüber hinaus durch die spezifische Stellung innerhalb der Sozialstruktur geprägt. Ob ein Akteur in der Hierarchie der gesellschaftlichen Welt »oben« oder »unten« steht, welche soziale Laufbahn er durchschritten hat, inwieweit er über ökonomisches, über kulturelles und über ein Kapital an sozialen Beziehungen verfügt: dies alles beeinflußt seine praktische Wahrnehmung und Erfahrung der sozialen Welt und diese wiederum, vermittelt über die daraus erwachsenden Erwartungen und Aspirationen, die Praktiken, die ihm als sinnvoll und richtungsweisend erscheinen. »In den Dispositionen des Habitus ist somit die gesamte Struktur des Systems der Existenzbedingungen angelegt, so wie diese sich in der Erfahrung einer besonderen sozialen Lage mit einer bestimmten Position innerhalb dieser Struktur niederschlägt. Die fundamentalen Gegensatzpaare der Struktur der Existenzbedingungen (oben/unten, reich/arm, etc.) setzen sich tendenziell als grundlegende Strukturierungsprinzipien der Praxisformen wie deren Wahrnehmung durch.« (FU 279)

Die Inkorporation der äußeren Existenzbedingungen zu einem habituellen System von Dispositionen vollzieht sich mittels einer »stillen Pädagogik« (SoSi 128), die, jenseits einer ausdrücklichen erzieherischen Absicht, über unscheinbare pädagogische Imperative und Ermahnungen bezüglich Manieren, Haltung und Betragen den Habitus formt. Bourdieu sieht hier eine »List der pädagogischen Vernunft« (SoSi 128) am Werke, der es mittels dieser Einprägungsarbeit gelingt, »den Grundprinzipien des kulturell Willkürlichen Geltung zu verschaffen, die damit Bewußtsein und Erklärung entzogen sind« (SoSi 128). Kulturell Willkürliches, d.h. kontingente soziokulturelle Verhältnisse werden im Zuge der habituellen Inkorporation zu etwas Selbstverständlichem, ja, zu etwas vollkommen »Natürlichem«, dessen geschichtlicher Ursprung in Vergessenheit gerät. Obgleich sozial und historisch entstanden, werden die im Habitus inkorporierten Strukturen zur »zweiten Natur« (RuA 84) des Menschen. Dadurch manifestiert sich im Habitus – freilich nicht in allen gesellschaftlichen Klassen gleichermaßen ausgeprägt – der »amor fati« (FU 290), die Liebe zum Schicksal, welche, da sie die gesellschaftliche Not(wendigkeit) zur Tugend macht, die *Anerkennung* der herrschenden Ordnung zum Ausdruck bringt.

Hier wird, nebenbei bemerkt, die zentrale Bedeutung der Bildungssoziologie (im umfassenden Sinne von familialer und schulischer Bildung) für die Analysen Bourdieus insgesamt deutlich, und man bekommt eine erste Vorstellung von dem Zusammenhang, der zwischen Kultur und Bildung auf der einen und der Reproduktion und Legitimation bestehender Herrschaftsverhältnisse auf der anderen Seite besteht. Hierzu später mehr. (Siehe Kapitel 5)

Die Verinnerlichung externer sozialer Strukturen geht nicht auf mechanische Weise vonstatten, vielmehr werden die äußeren Strukturen im Zuge der Inkorporation in innere Strukturen kognitiver, evaluativer, motivationaler und handlungsgenerierender Art *transformiert*. Diese internen Strukturen ihrerseits sind wirksam »nach der spezifischen Logik der Organismen, die sie sich einverleibt haben, also dauerhaft, systematisch und nicht mechanisch« (SoSi 102).

Begreift man den Habitus, wie Bourdieu es tut, als aus der Not entstandene Tugend, als »die zur zweiten Natur gewordene, in motorische Schemata und körperliche Automatismen verwandelte gesellschaftliche Notwendigkeit« (FU 739), dann drängt sich die Frage auf, ob wir damit nicht doch wieder bei einem zwar subtilen, aber gleichwohl umfassenden Determinismus angelangt sind. Da diese Frage in der Bourdieurezeption eine wichtige Rolle spielt[44] und zu manchen Mißverständnissen geführt hat, wollen wir kurz auf sie eingehen.

Die Strukturalismen von Lévi-Strauss und Althusser werden von Bourdieu, wie schon erwähnt, deshalb kritisiert, weil beide die sozialen Akteure zu mehr oder weniger blinden Trägern von objektiven Strukturen erklären. Wenn nun innerhalb der Theoriearchitektonik an die Stelle, die der »menschliche Geist« bei Lévi-Strauss und die ökonomischen Produktionsstrukturen bei Althusser einnehmen, im Bourdieuschen Ansatz die determinierenden Strukturen von Habitusformen treten, verlagert sich der Determinismus in gewisser Weise zwar ins Innere der Akteure, doch überwunden, so scheint es, wird er dadurch nicht. Anders formuliert: Wie weitreichend ist die Determination sozialer Praxis durch den Habitus tatsächlich; und inwieweit verfügen die mit einem dauerhaft und systematisch Praxis generierenden Habitus ausgestatteten Akteure überhaupt noch über praktische Wahlfreiheiten? Wir stehen hier vor einem weiteren Dualismus: dem klassischen philosophischen Dualismus von »Freiheit« und »Determinismus«. Die Habitustheorie, es ist unschwer zu erraten, soll auch diesen Dualismus umgehen können. Zwei Überlegungen mögen veranschaulichen, ob und wodurch sie dies leisten kann.

Zum ersten hat Bourdieu immer wieder darauf hingewiesen, daß mit dem Wirksamwerden des Habitus eine Praxis nicht im strengen Sinne determiniert ist. Durch die äußeren materiellen, kulturellen und sozialen Existenzbedingungen – d.h. durch die gesellschaftlichen Strukturen – und deren verinnerlichende Transformation in habituelle Denk-, Erwartungs- und Handlungsstrukturen werden lediglich die *Grenzen* möglicher und unmöglicher Praktiken festgelegt, nicht aber die Praktiken an sich. Vor allem die (ungleich verteilten) Chancen, über die verschiedenen Kapitalformen zu verfügen, legen den jeweiligen Spielraum fest, innerhalb dessen Freiheit für Variationen, selbst für Innovationen besteht. Bei dieser Freiheit handelt es sich jedoch, denkt man die sozialen Strukturen, in welche die Akteure eingebunden sind, hinzu, um eine »konditionierte und bedingte Freiheit« (SoSi 103).

Will man, was soziologisch ratsam scheint, auf den mit philosophischen und politischen Implikationen belasteten Begriff der *Freiheit* verzichten, kann man bescheiden von der »Erfinderkunst« (SoSi 104) des Habitus sprechen, von seiner »Spontaneität« (SoSi 105) oder von der »geregelten Improvisation« (TdP 179), die er zustande bringt. Damit ist der im Habitus angelegte Raum für Innovationen zur Sprache gebracht. Um diesen näher zu bestimmen, stellt Bourdieu eine Analogie zu Noam Chomskys »generativer Grammatik« her. Chomsky geht davon aus, daß der kompetente Sprecher über ein zwar *begrenztes* Repertoire an grammatischen Regeln verfügt, das es ihm aber dennoch ermöglicht, (im Prinzip) *unendlich viele* grammatisch korrekte Sätze zu bilden. Ebenso erlaubt der Habitus, als »System generativer Schemata« (FU 279), »unendlich viele und (wie die jeweiligen Situationen) relativ unvorhersehbare Praktiken von dennoch begrenzter Verschiedenartigkeit« (SoSi 104) zu erzeugen.

Etwas anschaulicher und weniger theoretisch formuliert: »Der Begriff *Habitus* bezeichnet im Grunde eine recht simple Sache: wer den Habitus einer Person kennt, der spürt oder weiß intuitiv, welches Verhalten dieser Person versperrt ist. Wer z.B. über einen kleinbürgerlichen Habitus verfügt, der hat eben auch, wie Marx einmal sagt: Grenzen seines Hirns, die er nicht überschreiten kann. Deshalb sind für ihn bestimmte Dinge einfach undenkbar, unmöglich, gibt es Sachen, die ihn aufbringen oder schockieren. Aber innerhalb dieser seiner Grenzen ist er durchaus erfinderisch, sind seine Reaktionen keineswegs immer voraussehbar.« (SuG 26 f.)

Nicht die Praktiken an sich, sondern der Spielraum dessen, was an Praxis möglich (und unmöglich) ist, wird durch den Habitus festgelegt. Darüber hinaus stehen im Mittelpunkt von Bourdieus Aufmerksamkeit nicht einzelne, isolierte Praktiken, sondern Praxis*formen*. Deshalb spricht er des öfteren vom Habitus als einem »modus operandi« (FU 281, passim), der wesentlich die *Art und Weise der Ausführung* von Praktiken und weniger die Praxisinhalte bestimmt. Um dies an einem Beispiel zu verdeutlichen: Es ist keineswegs ausgeschlossen, daß beispielsweise das von Bourdieu gerne thematisierte Kleinbürgertum sich Praktiken (zum Beispiel bestimmte prestigeträchtige Sportarten oder den Besuch von Museen) zu eigen macht, die traditionellerweise dem Groß- bzw. Bildungsbürgertum vorbehalten sind oder waren. Doch die Art der Ausführung dieser Praktiken wird sich durch ihren spezifischen Modus operandi, hier: durch den Eifer, groß- oder bildungsbürgerliche Ziele und Standards zu erreichen, durch die Beflissenheit in der Erfüllung bürgerlicher Normen, als typisch kleinbürgerliche zu erkennen geben. (Vgl. hierzu FU 500 ff.) Dieses Beispiel macht deutlich, daß der Habitus weniger einzelne Praktiken inhaltlich determiniert, sondern vornehmlich *die Art und Weise ihrer Ausführung* bestimmt.

Ein zweiter Gedankengang, der bei der Diskussion des Verhältnisses von Determinismus und Freiheit wichtig ist, besteht in folgendem: Dem Soziologen Bourdieu, der sich mit den Strukturen sozialer Relationen und den Prozessen gesellschaftlicher Reproduktion innerhalb sozialer Felder befaßt, geht es vornehmlich um die Erklärung nicht individueller, sondern gesellschaftlicher, d.h. gruppen- bzw. klassenspezifischer Praxisformen. Denn

»die Soziologie behandelt alle biologischen Individuen als identisch, die als Erzeugnisse derselben objektiven Bedingungen mit denselben Habitusformen ausgestattet sind« (SoSi 111). Individuelle Praxisformen sind, soziologisch gesehen, nur als mehr oder minder typische Varianten bzw. Variationen von gruppen- oder klassenspezifischen Praxisformen von Interesse.

Dies bedeutet nun keineswegs, daß eine individuelle Praxisform und der ihr zugrundeliegende Habitus – gesetzt den Fall, daß sich der Fokus des wissenschaftlichen Interesses auf diesen individuellen Aspekt richtet – durch die gruppen- und klassenspezifischen Bedingungen, die für sie konstitutiv sind, vollkommen determiniert wären. Die Individualität von Praktiken, so könnte man sagen, liegt gerade in der akteurspezifischen Nutzung des (gruppen- bzw. klassenspezifischen) Spielraumes, der mit dem Habitus verinnerlicht wurde; sie kommt in der jeweiligen Verwendung klassenspezifisch verteilter Ressourcen und Möglichkeiten zum Ausdruck.

Die beiden wichtigsten Kriterien, die individuelle Unterschiede innerhalb sozialer Gruppen und Klassen begründen, sind zum einen die spezifische Stellung, die ein Akteur innerhalb der Struktur seiner Klasse innehat, zum anderen die Besonderheit seiner sozialen Laufbahn. Trotz der dadurch begründeten individuellen Unterschiede besteht zwischen den verschiedenen Habitus- und Praxisformen der Individuen, die objektiv eine soziale Klasse bilden, »ein Verhältnis der Vielfalt in Homogenität« (SoSi 113). Kurzum, aus soziologischer, aus strukturaler Perspektive besteht »Individualität« im akteurspezifischen Arrangement der materiellen und kulturellen Bedingungen, denen ein Akteur, nicht anders als die übrigen Mitglieder seiner sozialen Gruppe bzw. Klasse, unterliegt.

Demgemäß ist das von Bourdieu mit der Habitustheorie verfolgte Erkenntnisinteresse – obgleich er ansonsten durchaus die mikrosoziologische (»Frosch«-) mit der makrosoziologischen (»Vogel«-)Perspektive kombiniert[45] – im wesentlichen auf die makroskopischen Phänomene gesellschaftlicher Reproduktion (innerhalb einzelner Felder oder des gesamtgesellschaftlichen Raumes) gerichtet, also auf solche Strukturen und Prozesse, die über die Handlungs- und Wahrnehmungshorizonte von Individuen weit hinausreichen. Dies schließt nicht aus, daß das Habituskonzept auch im Zusammenhang von mikrosoziologischen, ja selbst von sozial- oder entwicklungspsychologischen Analysen fruchtbar sein kann, doch diese Perspektive bleibt in Bourdieus eigenen Analysen bislang relativ unausgeschöpft.[46]

Letztlich bestimmen also der jeweilige Fokus der Analyse und die Feinheit des analytischen Rasters, welche Aspekte des habituellen Dispositionssystems in den Vordergrund einer sozialwissenschaftlichen Untersuchung treten: die individuellen (positions- und laufbahnspezifischen) Merkmale oder die gesellschaftlichen, d.h. gruppen- und klassenspezifischen Bedingungen, die im Habitus ihren Niederschlag finden.

Fassen wir die bisherigen Ausführungen zum Habitus, verstanden als Dispositionssystem sozialer Akteure, zusammen: Durch transformierende Verinnerlichung der äußeren (klassenspezifisch verteilten) materiellen und kulturellen Existenzbedingungen entstanden, stellt der Habitus ein dauerhaft wirksames System von (klassenspezifischen) Wahrnehmungs-, Denk- und Handlungsschemata dar, das sowohl den Praxisformen sozialer Akteure als auch den mit dieser Praxis verbundenen alltäglichen Wahrnehmungen konstitutiv zugrunde liegt. Als *Konstitutionstheorie sozialer Praxis* richtet sich die Habitustheorie nicht, wie rationalistische Theorien des (instrumentellen, strategischen oder kommunikativen) Handelns auf das von gesellschaftlichen Bedingungen und Einflußfaktoren losgelöste, nur seiner individuellen Ratio verpflichtete Subjekt, sondern auf den durch seine

Position und seine spezifische Laufbahn innerhalb der Sozialstruktur einer Gesellschaft geprägten sozialen Akteur. Diesem sind, bei aller gesellschaftlichen Prägung, bestimmte individuelle Variationsspielräume gegeben. Die *erkenntnissoziologischen Implikationen* der Habitustheorie brechen mit dem gängigen handlungstheoretischen Intellektualismus, der den sozialen Akteuren ein reflektierendes, Präferenzen oder »gute Gründe« rational abwägendes, Verhältnis zur sozialen Welt unterstellt. Demgegenüber wird die Implizitheit, Unbewußtheit, Instinkthaftigkeit, kurz: die Unreflektiertheit der alltäglichen Wahrnehmungs- und Denkstrukturen des Habitus hervorgehoben. Diese Denkstrukturen sind nicht nur der gesellschaftlichen Praxis und deren spezifischer Logik verbunden, d. h. ausschließlich in praxi wirksam, sie sind, als (Teil-)Strukturen des Habitus, sozialstrukturell bedingt und folglich klassenspezifisch ausgeprägt.

Den, wie es scheint, naheliegenden Vorwurf, daß die Habitustheorie deshalb eine Form von Soziologismus darstelle, könnte man allenfalls dann begründet vorbringen, wenn Bourdieu mit seinen »anthropologischen« Annahmen über die praxisgenerierenden Habitusdispositionen von sozialen Akteuren einen Ausschließlichkeitsanspruch verbinden würde, etwa dergestalt, daß er grundsätzlich kein anderes Produktionsprinzip von Praxis (beispielsweise rationales Kalkül, Befolgung von ausdrücklichen Normen) zuließe oder daß er die in seiner forschungspraktischen Verwendung der Habitustheorie zum Tragen kommende spezifisch soziologische *Perspektive* als den einzig zulässigen Betrachtungspunkt postulierte. Doch keiner dieser beiden Ausschließlichkeitsansprüche wird von Bourdieu erhoben. (Vgl. TdP 207; RuA 99; und oben, Kapitel 2)

Und wem der »weiche«, im Vergleich zum objektivistischen Strukturalismus stark relativierte Determinismus der Habitustheorie immer noch suspekt erscheint, der vergegenwärtige sich die einzig verbleibende theoretische Alternative, die nur in der »imaginären Anthropologie des Subjektivismus« (SoSi 79) liegen kann oder, um es deutlicher zu formulieren, in einer voluntaristischen Metaphysik der Freiheit, die, zumindest unter soziologischem Gesichtspunkt, völlig inakzeptabel ist. Indem die Habitustheorie die beiden Extreme eines mechanistischen Strukturdeterminismus, der das Prinzip sozialer Praxis in einer Mechanik struktureller Zwänge sieht, und eines subjektivistischen Handlungsvoluntarismus, der soziale Praxis in den freien Entscheidungen eines selbstgewählten Entwurfs begründet sieht, gleichermaßen zurückweist, versucht sie auf der handlungstheoretischen Ebene eine Art von goldenem »Mittelweg« zwischen Subjektivismus und Objektivismus zu finden. Darauf kommen wir im nächsten Kapitel, bei der begrifflichen Präzisierung der vom Habitus generierten Praktiken als »Strategien«, noch einmal zu sprechen.

Soviel zur formalen Charakterisierung des habituellen Dispositionssystems. Geht man nun zu einer stärker dynamischen Betrachtung und der Frage nach der alltagspraktischen Umsetzung von Dispositionen über, so muß man sich zuallererst Klarheit darüber verschaffen, was es heißt, daß sich in der Aktualisierung des Habitus eine »Dialektik von objektiven und einverleibten Strukturen« (TdP 164) entfaltet.

In allgemeinsoziologischer Hinsicht vertritt Bourdieu die Grundauffassung, daß die bislang in den Vordergrund unserer Aufmerksamkeit gerückten internen Habitusstrukturen nur die eine Seite eines komplexen Verhältnisses darstellen, dessen andere Seite die externen, objektiven Strukturen, genauer noch: die Strukturen sozialer Felder, bilden. Anders gesagt, zwischen Habitus und Feld besteht ein unauflösliches Komplementärverhältnis; sie stellen die zwei Seiten der Medaille des Sozialen dar.

Bourdieu spricht von den »beiden Existenzweisen des Sozialen« und charakterisiert diese als »Leib gewordene und Ding gewordene Geschichte« (SRuK 69). Theoriearchitektonisch bedeutet dies, daß die Habitustheorie, als Theorie der »Leib gewordenen Geschichte«, und die Feldtheorie, als Konzeptualisierung des Dingcharakters gesellschaftlicher Verhältnisse, in einer Soziologie, die, wie die Bourdieusche, Einseitigkeiten und Reduktionismen vermeiden will, theoretisch unbedingt zusammengehören.

Was hat Bourdieu genau im Sinn, wenn er die Beziehung von objektiven und einverleibten Strukturen als *dialektische* bezeichnet?

Ebenso wie sich die Dispositionen des Habitus im Zuge einer Einverleibung von äußeren Sozialstrukturen (die dabei in innere Wahrnehmungs-, Denk- und Handlungsstrukturen transformiert werden) ausbilden, so konstituieren sich umgekehrt die externen sozialen Strukturen im Vollzug gesellschaftlicher Praxis, welche, wie wir gehört haben, primär mittels Veräußerung habitueller Anlagen generiert wird. Schematisch läßt sich mithin die »Dialektik von objektiven und einverleibten Strukturen« in drei Glieder zerlegen: in 1. die externen, objektiven Strukturen sozialer Felder, 2. die internen Habitusstrukturen und 3. – gleichsam als »Synthese« des Aufeinandertreffens von Habitus und Feld – die (wiederum externen) Praxisformen. In dieser Dialektik fungiert der Habitus »als Vermittlung zwischen Struktur und Praxis« (SdsF 125), wobei die objektiven sozialen Strukturen den Habitus ebenso strukturieren, wie dieser, in seiner Eigenschaft als strukturiertes System von Dispositionen, die Praxis strukturiert.

Angesichts dieser Dialektik von Habitus und Feld wird auch die theoretische Bedeutung von Bourdieus – gegen den »orthodoxen« Strukturalismus gerichteter – Behauptung, daß objektive soziale Strukturen nur vermittels »leibhaftiger Akteure« existieren, vollständig ersichtlich: Soziale Strukturen sind als materielle Wirklichkeit nur existent im Zuge der Ausführung von individuellen oder kollektiven Praktiken. Und nur dadurch, daß Akteure, die in bestimmten (konfliktuellen oder kooperativen) Beziehungen zueinander stehen, permanent durch den Habitus strukturierte Praxisformen hervorbringen, hat so etwas wie eine soziale Struktur überhaupt auf Dauer oder auch nur vorübergehend Bestand. Kurzum: keine leiblichen Akteure, keine Praxis; keine Praxis, keine objektive Struktur.

Dieses Credo zeichnet den Bourdieuschen Strukturalismus als einen *genetischen* Strukturalismus aus, und zwar genetisch in doppelter Hinsicht: Nicht nur die objektiven, äußeren sozialen Strukturen haben eine Entstehungsgeschichte, aus der heraus der momentane Zustand einer Struktur begriffen werden muß. Auch der Habitus der Akteure, ihr sozialer Leib, ist psychogenetisch strukturiert. Die Soziogenese objektiver gesellschaftlicher Strukturen wird auf die historischen Praxisformen sozialer Akteure zurückbezogen, und diese Praxisformen werden als Aktualisierung von (selbst historisch-soziologisch bedingten) Habitusstrukturen begriffen. Genau dieses Verhältnis gegenseitiger Einflußnahme, ja wechselseitiger Bedingung, macht die Dialektik von Habitus und Feld aus.

Freilich stellt sich hier eine Frage: Mit dem Prozeß der Exteriorisierung von Habitusstrukturen, die ihrerseits im Zuge der Interiorisierung objektiver gesellschaftlicher Strukturen zustande gekommen sind, scheint eine Art von Kreislauf in Gang gesetzt, in welchem sich die ursprünglichen Sozialstrukturen auf zirkuläre Weise reproduzieren (und folglich stabilisieren[47]). In der Tat finden sich bei Bourdieu Hinweise auf eine »Tendenz« der habituellen Dispositionen, zur Reproduktion der objektiven Bedingungen, deren Produkt sie sind, beizutragen. (TdP 165) Empirisch setzt sich diese »Tendenz« jedoch nur dann tatsächlich durch, wenn der Habitus unter genau den gleichen gesellschaftlichen Bedingungen zur Anwendung kommt, denen er seine Aktualgenese verdankt. Und dies ist der Fall vor allem, wenn auch keineswegs ausschließlich, in den sogenannten »einfachen«, d. h. sozialstrukturell relativ undifferenzierten Gesellschaften, zu denen auch die von Bourdieu in seinem *Entwurf einer Theorie der Praxis* untersuchte kabylische Gesellschaft gerechnet werden kann. Anders ausgedrückt: Zur differenzierten Beantwortung der Frage, ob Habitusstrukturen externe soziale Strukturen (eher) reproduzieren oder (eher) transformieren, muß die Relation eines Habitus zum spezifischen Feld seiner Anwendung, genauer noch: das Verhältnis der Entstehungsbedingungen des Habitus zu denen seiner Aktualisierung (vgl. SoSi 105), thematisiert werden.

Vor dem Hintergrund des allgemeinen Erkenntnis- und Diskussionsstandes der Soziologie kann man diesbezüglich die folgende These formulieren: Unter den »modernen« Bedingungen der Ausdifferenzierung relativ autonomer Felder, der Disparität sozialer Klassen und der damit verbundenen Dynamik sozialen Wandels ist die statistische Wahrscheinlichkeit größer geworden, daß ein Habitus unter Verhältnissen zur Anwendung kommt, die von denen seiner ursprünglichen Genese sehr verschieden sind – sei es aufgrund allgemeinen sozialstrukturellen Wandels, aufgrund individueller Mobilität innerhalb von bzw. zwischen sozialen Klassen oder sei es aufgrund des Engagements in unvertrauten sozialen Feldern. Demgegenüber ist in den »einfachen« Gesellschaften, wegen ihrer relativ geringen sozialen Differenzierung und ihrer schwachen Eigendynamik, objektiv nur selten – und wenn, dann zumeist infolge exogener Einflüsse fremder Kulturen – die Situation gegeben, daß der soziale Sinn des Habitus mit sozialen Strukturen und Ereignissen konfrontiert wird, die ihm so fremd und ungewohnt sind, daß er (systematisch oder partiell) zum Scheitern verurteilt ist. Hauptsächlich aus diesen Gründen der kaum zu störenden Angepaßtheit des Habitus an das relativ undifferenzierte soziale Feld herrscht in diesen Gesellschaftsformationen die Tendenz zur Reproduktion bestehender Gesellschaftsstrukturen, und Transformationsprozesse finden hier nur in einem relativ begrenzten Rahmen statt.

Obgleich sich in feldspezifisch ausdifferenzierten Gesellschaften die Relation von Habitus und Feld komplexer darstellt, ist auch dort die alltägliche Abgestimmtheit der Habitusformen mit den Strukturen sozialer Felder kein ungewöhnlicher Fall. Dies vor allem deshalb, weil der Habitus dazu neigt, sich »vor Krisen und kritischer Befragung [zu schützen], indem er sich ein *Milieu* schafft, an das er soweit wie möglich vorangepaßt ist« (SoSi 114). In diesem, und nur in diesem, Falle wird der Habitus »zum Erzeuger von Praktiken, die unmittelbar an die Gegenwart sowie an die im Gegenwärtigen eingeschriebene Zukunft angepaßt sind.« (RuA 115)

Eine solche Angepaßtheit von Habitus und sozialen Strukturen einmal vorausgesetzt, wird endlich erklärlich, wie die Gewißheit, mit der die Akteure ihre soziale Welt als selbstverständliche erfahren, und der »Schein der Unmittelbarkeit, mit der sich der Sinn dieser [vertrauten] Welt erschließt« (SoSi 52), zustande kommen. Wenn nämlich die mit der Primärerfahrung einhergehenden Wahrnehmungs- und Denkschemata immer wieder auf Praxisverhältnisse treffen, die denen ihrer Genese gleich oder ähnlich sind, besteht für die Akteure überhaupt kein Anlaß, ihre bewährten alltäglichen Wahrnehmungs- und Denkstrukturen in Frage zu stellen – denn vom Standpunkt des sozialen Akteurs aus liegt die entscheidende, praxisrelevante Eigenschaft von Wissen und Denken nicht in deren »Objektivität« oder »Wahrheit«, sondern in ihrer Ökonomie und Praktikabilität. Solange die eingelebte oder, wie Bourdieu sagt, die »doxische« (SoSi 51, passim)

Erfahrung der sozialen Welt und die ihr zugrundeliegenden habituellen Schemata nicht durch neue Erfahrungen in Frage gestellt werden, kann sich die Alltagsvernunft in ihrer Abgestimmtheit auf die momentanen Zustände und Erfordernisse der Praxis wohlweislich einrichten.

Aus erkenntnissoziologischer Sicht macht mithin die »Dekkungsgleichheit der objektiven Strukturen mit den einverleibten« (SoSi 50) verständlich, wie die Gewißheit und Selbstverständlichkeit alltäglichen Wahrnehmens und Denkens zustande kommt, die – wie wir im zweiten Kapitel gesehen haben – von der subjektivistisch-phänomenologischen Theorietradition ins Zentrum ihrer Rekonstruktion gestellt wird, ohne daß soziologische Erklärungen dieser Gewißheit als solcher angeboten werden. Am vollkommensten ausgeprägt ist die (graduell durchaus variierende) Abgestimmtheit, ja »Komplizenschaft« (SRuK 75) zwischen Habitus und Feld und die damit einhergehende Selbstverständlichkeit und Natürlichkeit der gegebenen sozialen Welt bei der *zirkulären* Anwendung der habituellen Strukturen auf genau die ursprünglichen und unveränderten sozialen Bedingungen ihrer Genese.

Diese Zirkularität – die praxistheoretisch eine Tendenz zur Reproduktion überkommener Strukturen bedeutet – ist jedoch, wie Bourdieu immer wieder betont (vgl. TdP 182; SoSi 117; AaE 409), keineswegs der einzig mögliche Fall, wie sich die Relation von Habitus und Feld, zumal in differenzierten Gesellschaften, gestalten kann. Vor allem in (subjektiven oder objektiven) Krisensituationen, in denen die habituellen Erwartungsstrukturen systematisch enttäuscht und die eingelebten und altbewährten Wahrnehmungs- und Denkschemata in Frage gestellt werden, manifestiert sich die gegenläufige Tendenz des Auseinandertretens von Habitus und Feld. Dies kann zum Scheitern des Habitus als Produktionsprinzip von Praxis und zu seiner Ersetzung beispielsweise durch reflektierende Chancenabwägung führen. Von soziologischem Interesse sind hierbei vor allem die objektiven, von feldinternen Faktoren abhängenden Krisen, welche weitreichende Transformationen – bis hin zu Revolutionen – nach sich ziehen können.

Fazit: Die typologisch unterschiedlichen Relationen von Habitusformen und Feldstrukturen können die Fälle von Kontinuität und Regelmäßigkeit theoretisch ebenso gut erklären wie die Möglichkeit von Transformationen und gar von Revolutionen. Detaillierte, mehr als typologische Aussagen über die Relation von Habitus und Feld und über das empirische Verhältnis von Reproduktion und Transformation bleiben jedoch den Analysen konkreter historischer Prozesse vorbehalten. (Vgl. etwa FU 210-276; Hoac 213-303)

In jedem Fall müssen *Habitus* und *Feld* theoretisch immer zusammen gedacht und in der empirischen Analyse aufeinander bezogen werden. Es handelt sich um zwei Theoriekomponenten, welche die Opposition von *Individuum* und *Gesellschaft* – die eine weitere Variante des Antagonismus von Subjektivismus und Objektivismus darstellt – überwinden sollen. (Vgl. SRuK 69) An die Stelle des klassischen Dualismus von *Individuum* und *Gesellschaft* (und den Versuchen, individuelle Verhaltensweisen auf die Gesellschaft oder umgekehrt diese auf jene zurückzuführen) tritt bei Bourdieu das Komplementärverhältnis von *Leib* gewordener Gesellschaft und *Ding* gewordener Gesellschaft, von *Habitus* und *Feld*.

4. »Kapital«, »Strategie« und die Ökonomien der Felder

Was hat man sich, um die Überlegungen zur Feldtheorie weiterzuführen, unter sozialen Feldern vorzustellen; wodurch ist der soziologische Begriff des Feldes definiert?

Das soziologische Konzept des Feldes erinnert zuerst einmal daran, daß die vom Habitus generierte Praxis – die begrifflich noch als *strategische Praxis* zu präzisieren sein wird – nicht in einem neutralen Raum, einem unorganisierten Vakuum stattfindet, sondern in einem strukturierten Rahmen, den Bourdieu mit dem Begriff des *Feldes* (oder *Raumes)* belegt. In dieser Hinsicht sind Felder als intelligible Orte sozialer Praxisformen aufzufassen, und man kann schlicht von *Praxisfeldern* sprechen.

Des weiteren zielt der Begriff des Feldes (»Ding gewordene Geschichte«, sagt Bourdieu) auf die vor allem von Durkheim und den Strukturalisten betonte relative Eigenständigkeit sozialer Tatsachen (»faits sociaux«) und den Zwang (»contrainte sociale«), den diese den Handelnden auferlegen. Strukturtheoretisch formuliert: Es gibt objektive, d.h. vom Willen und Bewußtsein der Akteure (relativ) unabhängige Strukturen – die Strukturen sozialer Felder –, die, obgleich sie realiter nur vermittels der Praxis sozialer Akteure existieren, dennoch ein gewisses Eigenleben haben. Die objektive Strukturierung von Praxisfeldern – und auch in diesem Punkt erweist sich Bourdieu als Erbe Durkheims und des Strukturalismus – bedeutet demnach für die Akteure, daß sie äußeren Zwängen unterliegen, welche, eingedenk der Komplementarität von Habitus und Feld, gleichsam das Gegenstück zu den inneren, habituell bedingten Zwängen darstellen. Nicht nur die verinnerlichten Grenzen des Habitus also, sondern auch die externen Strukturverhältnisse sozialer Felder führen dazu, daß die (von voluntaristischen Ansätzen als beliebig angesehenen) Praxismöglichkeiten sozialer Akteure eingeschränkt sind. Insofern die Struktur eines Feldes den Akteuren Zwänge auferlegt, kann man mit Bourdieu eine Analogie zum Feldbegriff der Physik herstellen und soziale Felder als »Kraftfelder« (SRuK 74) bezeichnen.

Worin genau bestehen diese externen Zwänge? Zwei Aspekte sind zu unterscheiden. Man kann erstens soziale Felder, Bourdieus Vorliebe für die Sprache des Sports und Wettkampfs folgend, auch als »Spiel-Räume« (SRuK 27) bezeichnen. In diesem Sinne definiert er Felder bzw. Räume (die beiden Begriffe werden von ihm bisweilen synonym verwendet) als »autonome Sphären, in denen nach jeweils besonderen Regeln ›gespielt‹ wird« (RuA 187). Gleich den Spielen im Sport unterstehen auch die sozialen »Spiele« spezifischen Regeln, die man wohl eher als *konstitutive* denn als *regulative* Regeln[48] bezeichnen muß, da sie festlegen, was im Rahmen des Spiels möglich und was unmöglich ist, was erlaubt und was unerlaubt ist, kurz: was das jeweilige Spiel in seiner Gesamtheit definiert und konstituiert. Das soziologisch Entscheidende hierbei besteht nun freilich nicht darin, daß diese konstitutiven Regeln explizit formuliert oder kodifiziert sind – denn das ist in den diversen ökonomischen, kulturellen, sozialen und symbolischen »Spielen«, die Bourdieu mit seiner Feldtheorie analysiert, nur ausnahmsweise der Fall –, sondern darin, daß die Regeln in praxi befolgt werden.

Die einzelnen »Spielzüge« jedoch, allgemeiner gesagt: die konkreten Praktiken, welche die Akteure ausführen, sind, selbst bei vollkommener Befolgung der Regeln, nicht im strengen Sinne durch die Regeln vorherbestimmt; sie liegen vielmehr im *strate-*

gischen Ermessen der Spieler. Damit ist ein weiterer zentraler Begriff des Bourdieuschen Ansatzes, nämlich der Strategiebegriff, angesprochen, der die theoretische Bedeutung des Regelbegriffs innerhalb der Feldtheorie relativiert.[49] Hierzu später mehr.

Betrachten wir zum Regelbegriff noch ein vielreflektiertes und von den Philosophen gerne erörtertes Beispiel. Das Schachspiel ist durch seine Regeln definiert. Deren Realisierung im Verlauf eines konkreten Spieles *konstituiert* das Schachspiel, macht das Schachspiel überhaupt erst zu einem *Schach*spiel. Das Spiel ist mithin von den es konstituierenden Regeln logisch abhängig, es wird durch sie »erzeugt«. Analoges gilt für andere Wettkampfspiele, ob der Kampf nun zwischen Individuen oder zwischen Mannschaften, also Gruppen stattfindet. Ebenso gehört, um ein Beispiel aus dem Bereich der Sozialwissenschaften aufzugreifen, zu den konstitutiven Regeln des ausdifferenzierten ökonomischen Feldes kapitalistisch organisierter Gesellschaften die Maxime einer positiven Kosten-Nutzen-Bilanz, ohne deren Befolgung kein Akteur auf Dauer am »Spiel« im ökonomischen Feld teilnehmen kann.

Dem obigen Zitat zufolge finden sich derartige Regeln, die gleichsam das – freilich historische – Apriori eines Feldes darstellen, in allen Feldern (wobei man ergänzend hinzufügen kann, daß die jeweiligen Regeln – ihre Elaboriertheit nicht weniger als ihr Inhalt – vom historischen Stand der Ausdifferenzierung und relativen Autonomisierung der Felder[50] und von den in den Feldern jeweils dominierenden Gruppen abhängig sind). Dadurch, daß sie den Rahmen möglicher und unmöglicher Spiel-Praktiken festlegen, stellen diese feldspezifischen Regeln eine Form von Zwang dar, dem sich die Akteure nicht entziehen können, ohne das Spiel zu verlassen, d.h. ohne aus dem entsprechenden Feld auszutreten. Indem Regeln jedoch die verschiedenen sozialen Spiele definieren und konstituieren, stellen sie, das ist die andere

Seite ihres Zwangscharakters[51], zugleich eine der Möglichkeitsbedingungen dieser Spiele dar.

In unmittelbarem Zusammenhang mit diesen feldspezifischen Spielregeln, die den Akteuren eine erste Form von – historisch bedingtem und deshalb auch virtuell veränderbarem – Zwang auferlegen, steht zweitens eine weitere Art von Einschränkungen, nämlich Zwänge, die sich aus der *Knappheit der Ressourcen* ergeben, die den Akteuren in den Feldern zur Verfügung stehen. Denn im Unterschied zu Glücksspielen, die zwar auch Regeln unterstehen, deren Ausgang jedoch vom Zufall, vom Fall der Würfel, vom willkürlichen Rollen der Kugel beim Roulette usw., abhängt, sind der Verlauf und die Resultate von Wettkampfspielen auf entscheidende Weise durch die Ressourcen der Spieler und durch deren Fähigkeit, diese strategisch sinnvoll einzusetzen, bedingt. Wie Wettkampfspiele von den (physischen und taktischen) Einsätzen der Spieler abhängen, so ist die soziale Praxis innerhalb der verschiedenen Felder bedingt durch die Verfügungsgewalt über spezifische Ressourcen, die Bourdieu als *Kapital* bezeichnet.

Damit sind wir bei einem weiteren zentralen Begriff der Bourdieuschen Soziologie angelangt, der mit der Feldtheorie ebenso eng verknüpft ist wie diese mit der Habitustheorie. Man kann sagen, daß *Feld* und *Kapital* sich in gewisser Weise wechselseitig definieren und deshalb notwendig zusammengehören. Die verschiedenen, analytisch und begrifflich unterscheidbaren Kapitalformen (ökonomisches, kulturelles, soziales, symbolisches Kapital usw.) stellen nämlich das *theoretische* Kriterium zur Differenzierung der spezifischen Felder dar. Und die *praktische* Verfügung über die entsprechende Sorte an Kapital bedingt die Handlungs- und Profitchancen, die ein Akteur innerhalb eines spezifischen sozialen Feldes de facto hat: »Gleich Trümpfen in einem Kartenspiel, determiniert eine bestimmte Kapitalsorte die Profitchancen im entsprechenden Feld (faktisch korrespondiert jedem Feld oder Teilfeld die Kapitalsorte, die in ihm als Machtmittel und Einsatz im Spiel ist).« (SRuK, 10)

Dieser Definition zufolge stellen die verschiedenen Formen von Kapital also Einsätze dar, die in den sozialen Feldern sozusagen »auf dem Spiel stehen« und um die sich die Akteure folglich streiten. Bourdieu unterscheidet, es wurde schon angedeutet, mehrere Arten solcher Einsätze (»enjeux«). Die wichtigsten sind ökonomisches, kulturelles, soziales und symbolisches Kapital.

Bestimmt man es in bezug auf seine Genese, dann ist Kapital charakterisierbar als »akkumulierte Arbeit« (MdM 49). Aufgrund der wechselseitigen Definition von Kapital und Feld gilt folglich, »daß es so viele Formen von Arbeit gibt wie Felder und daß man die mondänen Aktivitäten der Aristokraten genauso wie die religiösen Tätigkeiten des Priesters oder Rabbiners als spezifische, auf Wahrung oder Mehrung spezifischer Formen von Kapital ausgerichtete Formen von Arbeit ansehen muß« (RuA 112).

Die bedeutendste Form des Kapitals stellt, zumindest für die über einen ausdifferenzierten, »selbstregulierenden Markt«[52] verfügenden Gesellschaften, das ökonomische Kapital dar. Die zentrale Bedeutung des ökonomischen Kapitals – und wer wollte diese leugnen – kann, vor dem Hintergrund der wechselseitigen Definition von Feld und Kapital, begrifflich auch als »tendenzielle Dominanz des ökonomischen Feldes« (SRuK 11) gefaßt werden. Diese Aussage darf jedoch nicht als Ökonomismus, nicht als eine Reduktion gesellschaftlicher Sachverhalte auf ihren materiell-wirtschaftlichen Aspekt, mißverstanden werden. Im Gegenteil: Bourdieus Kapitaltheorie (am systematischsten hierzu MdM 49-79) geht gerade von einer Kritik des Kapitalbegriffs der Wirtschaftstheorie aus, die sich, so der Vorwurf, ihren Kapitalbegriff von der historisch spezifischen Wirtschaftspraxis kapitalistischer Gesellschaften hat aufzwingen lassen. »Dieser wirtschaftswissenschaftliche Kapitalbegriff reduziert die Gesamtheit der gesellschaftlichen Austauschverhältnisse auf den bloßen Warenaustausch, der objektiv und subjektiv auf Profitmaximierung ausgerichtet und vom (ökonomischen) *Eigennutz* geleitet ist. Damit erklärt die Wirtschaftstheorie implizit alle anderen Formen sozialen Austausches zu nicht-ökonomischen, *uneigennützigen* Beziehungen.« (MdM 50 f.)

Mit einem derart reduzierten Kapitalbegriff sind jedoch nicht nur die Eigenarten vorkapitalistischer Wirtschaftsformen (wie zum Beispiel die ökonomischen Verhältnisse in der Kabylei, die Bourdieu in seinem *Entwurf einer Theorie der Praxis* analysiert hat), sondern auch die Besonderheiten der nicht-warenförmigen Ökonomien der verschiedenen sozialen Felder in ausdifferenzierten Gesellschaften unbegreifbar. Deren spezifische, von der materiell-ökonomischen sich unterscheidende Ökonomien – d.h. die spezifischen Interessen, Einsätze und Profitmöglichkeiten – sind nämlich mit dem wirtschaftswissenschaftlichen Kapitalkonzept nicht zu erfassen. Und die ausschließliche Definition von *materiellen* Tauschakten als *ökonomische* läuft auf eine Leugnung der Ökonomien aller anderen Praxisformen, zumal der symbolischen, hinaus. Bourdieu kritisiert das Postulat der Uneigennützigkeit, die von der Wirtschaftstheorie den verschiedenen kulturellen, sozialen und symbolischen Praxisformen unterstellt wird, und hebt demgegenüber die polymorphen Interessen, Einsätze und Profitmöglichkeiten in den unterschiedlichen gesellschaftlichen Feldern hervor. Diese Pluralität der Einsätze – also der Kapitalformen – und der verschiedenen feldspezifischen Interessen verweist Bourdieu zufolge auf eine plural verfaßte »Welt von Ökonomien« (SoSi 96).

Um die verschiedenen Ökonomien der vielfältigen Praxisfelder begreifen und analysieren zu können, will Bourdieu eine »allgemeine Wissenschaft von der Ökonomie der Praxis« (MdM 51) begründen. Als Ergänzung bzw. Bestandteil der Feldtheorie soll vor allem das Kapitalkonzept diese Begründung leisten: »Eine allgemeine ökonomische Praxiswissenschaft muß sich deshalb bemühen, das Kapital und den Profit in allen ihren Erscheinungsformen zu erfassen.« (MdM 52) Diese verschiedenen Erscheinungsformen von Kapital und Profit gilt es jetzt näher zu betrachten. Wir wollen uns dabei auf die vier wichtigsten Kapitalarten konzentrieren.

Da unschwer nachvollziehbar ist, was man sich unter *ökonomischem Kapital* vorzustellen hat, sind darüber nicht viele Worte zu verlieren. Bourdieu zählt hierzu die verschiedenen Formen des materiellen Reichtums (also nicht nur den Besitz von Produktionsmitteln), und er weist darauf hin, daß ökonomisches Kapital, zumindest in Gesellschaften mit ausdifferenzierter Marktökonomie, mehr oder weniger direkt in Geld umtauschbar und durch das Eigentumsrecht institutionalisiert ist. (MdM 52)

Kulturelles Kapital hingegen, obwohl unter bestimmten Bedingungen wiederum in ökonomisches Kapital transformierbar, hat eine kulturelle Eigenlogik, die von der Logik materiellen Reichtums deutlich differiert. Bourdieu unterscheidet drei Zustände des kulturellen Kapitals:

1. Kulturelles Kapital in *objektiviertem Zustand* liegt beispielsweise in Form von Büchern, Gemälden, Kunstwerken, Maschinen oder technischen Instrumenten usw. vor. Die Differenz, die das spezifisch kulturelle vom ökonomischen Kapital scheidet, ist hier freilich noch nicht so deutlich zu erkennen, da alle erwähnten Objekte auch einen materiellen Wert, d. h. einen ökonomischen Preis haben und mehr oder weniger direkt in Geld umtauschbar bzw. mit Geld bezahlbar sind.

2. Liegt kulturelles Kapital hingegen in *inkorporiertem Zustand*

vor, ist seine Eigenständigkeit klar erkennbar. In dieser Form meint der Begriff sämtliche kulturellen Fähigkeiten, Fertigkeiten und Wissensformen, die man durch »Bildung« – freilich in einem sehr allgemeinen, nicht nur im schulisch-akademischen Sinne – erwerben kann.[53] Als leiblich angeeignete und verinnerlichte kulturelle Kompetenz ist Kulturkapital, im Unterschied zum ökonomischen Kapital, grundsätzlich körper- und damit personengebunden. Wenn jemand über inkorporiertes kulturelles Kapital verfügen will, dann muß er sich dieses durch entsprechende Bildungsarbeit persönlich aneignen. »Das *Delegationsprinzip* ist hier ausgeschlossen.« (MdM 55) Deshalb sind die Möglichkeiten zur Akkumulation des kulturellen Kapitals stärkeren Einschränkungen unterworfen, als es bei ökonomischem Kapital der Fall ist: Allenfalls die stellvertretende Ausführung einzelner kultureller Tätigkeiten durch fremde Kulturkapitalbesitzer ist möglich. Die unmittelbare Kulturkapital*inkorporation* jedoch muß jeder Akteur für sich selbst leisten, er kann diese Arbeit nicht durch andere verrichten lassen.

Das Kriterium der Körpergebundenheit verweist darauf, daß die als kulturelles Kapital verinnerlichten Kompetenzen einen Bestandteil der Dispositionen des Habitus darstellen. »Inkorporiertes Kapital ist ein Besitztum, das zu einem festen Bestandteil der ›Person‹, zum Habitus geworden ist; aus ›Haben‹ ist ›Sein‹ geworden.« (MdM 56) Die »Währung«, mit der für die Verinnerlichung kulturellen Kapitals bezahlt wird, besteht demnach primär – wenn auch nicht ausschließlich – in Zeit, genauer: in der Zeit, die zum Lernen und Aneignen von kulturellen Fertigkeiten notwendig ist. Diese Lernzeit muß von jedem Akteur, der sich »bilden« oder, wenn man so will, »kultivieren« will, persönlich investiert werden. »Daraus folgt, daß von allen Maßen für kulturelles Kapital diejenigen am wenigsten ungenau sind, die die *Dauer des Bildungserwerbs* zum Maßstab nehmen.« (MdM 55 f.)

(Hierbei muß freilich in Rechnung gestellt werden, daß die familiale Primärerziehung einen entscheidenden Einfluß auf die Ausbildung des kulturellen Kapitals nimmt. Wie alle verinnerlichten Dispositionen des Habitus bleibt nämlich auch das kulturelle Kapital »immer von den Umständen seiner ersten Aneignung geprägt. Sie hinterlassen mehr oder weniger sichtbare Spuren, z. B. die typische Sprechweise einer Klasse oder Region. Dadurch wird auch der jeweilige Wert eines kulturellen Kapitals mitbestimmt.« (MdM 57))

Die Bedeutung der Tatsache, daß kulturelles Kapital persönlich angeeignet und verinnerlicht werden muß, um Wirksamkeit entfalten zu können, wird darüber hinaus daran ersichtlich, daß auch die objektivierten Formen des Kulturkapitals letztlich von den leiblichen kulturellen Kompetenzen sozialer Akteure abhängig sind. Denn was wäre ein Buch ohne Leser, eine Maschine, die niemand bedienen kann, ein Kunstgegenstand ohne entsprechende ästhetische Dispositionen des Betrachters? Nichts anderes als das rein materielle Substrat der entsprechenden Objekte, das sich gänzlich auf den (ökonomischen) Materialwert des Papiers, des Metalls, der Leinwand reduzierte.

3. Schließlich ist als dritter Zustand des kulturellen Kapitals dessen *Institutionalisierung* in Form von Bildungstiteln zu nennen. Durch die Vergabe eines Titels (Schulabschluß, Universitätsdiplom usw.) gekürt, Mitglied des »Bildungsadels« (FU 31) geworden, verfügt die entsprechende Person nicht allein über inkorporiertes, sondern über *legitimes* kulturelles Kapital. Dadurch unterscheidet sich der Titelinhaber vom Autodidakten, der – selbst wenn seine inkorporierten kulturellen Kompetenzen denen des Titelinhabers überlegen sein sollten – lediglich über illegitimes Kulturkapital verfügt. Daß dieser Unterschied kein geringer ist, kann man sich an folgenden Überlegungen vergegenwärtigen: Die Zulassung zu Berufen und somit die Möglich-

keit, das erworbene kulturelle Kapital in ein finanzielles Einkommen, d.h. in ökonomisches Kapital umzuwandeln, ist zuallererst von der Verfügung über entsprechende Legitimitätsnachweise in Form von Schul-, Berufs- und Bildungsabschlüssen abhängig. In institutionalisierter Form, etwa als schulischer oder akademischer Titel, stellt das kulturelle Kapital zugleich ein Beispiel für eine besondere Kapitalform dar, die Bourdieu als *symbolisches Kapital* bezeichnet (s.u.). Symbolisches Kulturkapital schöpft seine besondere, über die inkorporierten Kompetenzen hinausgehende Wirksamkeit aus seiner Legitimität, aus seiner gesellschaftlichen Anerkennung.

Diese Bemerkungen mögen genügen, um die Eigenständigkeit und Eigenlogik des kulturellen Kapitals, also seine Nichtreduzierbarkeit auf ökonomisches Kapital, zu verdeutlichen. Zwar können die verschiedenen Formen von Kapital ineinander transformiert werden – wobei diese Umwandlung nicht automatisch vonstatten geht, sondern eine zusätzliche Transformationsarbeit verlangt –, doch läßt eine solche Transformation die jeweilige Eigenlogik der verschiedenen Kapitalformen unangetastet. Im Falle des Kulturkapitals liegt die Eigenlogik nicht nur in dessen Körpergebundenheit und den spezifisch kulturellen Investitionen von (Lern-)Zeit begründet, sondern darüber hinaus im spezifischen Interesse an Kultur, d.h. in der affektiven Besetzung des kulturellen Spiels, außerdem in den besonderen – symbolischen und, in zweiter Instanz, materiellen – Profitchancen, die sich aus der Verfügung über Kulturkapital ergeben, und schließlich in den speziellen Regeln der kulturellen Spiele (zu denen beispielsweise die mehr oder minder ausgeprägte Verleugnung unmittelbarer materieller Interessen gehört). Kurzum, kulturelles Kapital – sowohl in inkorporierter Form als auch in seiner materiellen Objektivation in kulturellen Gütern, als auch in der symbolischen Objektivation in Titeln –

unterliegt der eigenständigen Logik des kulturellen Feldes und den dort geltenden Spielregeln.

Neben dem ökonomischen und dem kulturellen Kapital betrachtet Bourdieu das *soziale Kapital* als eine weitere eigenständige Form von Ressourcen. Sozialkapital resultiert aus der Ausnutzung »eines dauerhaften Netzes von mehr oder weniger institutionalisierten *Beziehungen* gegenseitigen Kennens oder Anerkennens« (MdM 63), in das ein Akteur eingebunden ist und auf das er zurückgreifen kann, falls er aus irgendeinem Grunde einer Unterstützung durch einzelne Akteure oder durch Gruppen bedarf. Beim sozialen Kapital handelt es sich mithin »um Ressourcen, die auf der *Zugehörigkeit zu einer Gruppe* beruhen« (MdM 63). Als Beispiele für solche Gruppen nennt Bourdieu die Familie, die Ehemaligen von Elite-Schulen, Clubs, Adelsgruppen, politische Parteien usw.

Je umfassender ein solches Netz an sozialen Beziehungen, das ein Akteur durch permanente »Beziehungsarbeit« (MdM 67) aufrechterhält und das er im Bedarfsfall benutzen kann, gestaltet ist, desto größer sind seine Profitchancen bei der Reproduktion seines ökonomischen und kulturellen Kapitals. Folglich übt das auf gegenseitiger Anerkennung und Wertschätzung beruhende Sozialkapital, wenn es eingesetzt wird, bezüglich der anderen Kapitalformen einen »Multiplikatoreffekt« (MdM 64) aus.

Das Kriterium der Anerkennung, durch welches das Sozialkapital definiert ist, bringt uns auch zur nächsten Form des Kapitals, die von Bourdieu in manchen Zusammenhängen als eigenständige Kapitalart behandelt wird. Gemeint ist das *symbolische Kapital*, verstanden »als wahrgenommene und als legitim anerkannte Form der drei vorgenannten Kapitalien (gemeinhin als Prestige, Renommee, usw. bezeichnet)« (SRuK 11). Beispiele für diese Kapitalform haben wir schon kennengelernt: das Kulturkapital, sofern es durch Titel legitimiert ist, und das soziale Kapital generell, denn dieses »bewegt sich [...] so ausschließlich in der Logik des Kennens und Anerkennens, daß es immer als symbolisches Kapital funktioniert« (MdM 77, Anm. 20). Darüber hinaus sind zum symbolischen Kapital sämtliche Formen des Kredites an sozialer Anerkennung zu rechnen, die sich innerhalb der verschiedensten gesellschaftlichen Bereiche etablieren können, zum Beispiel die (symbolische) Wertschätzung, die ökonomisch reiche Akteure oder Institutionen sich durch »gemeinnützige« Spenden und Stiftungen verschaffen können (vgl. SoSi 245), die (massenmedial vermittelte) Anerkennung, die einzelne Personen oder Gruppen in ihrer Eigenschaft als Politiker, Künstler, Sport- oder Unterhaltungs-»Stars« usw. erhalten können, die alltägliche symbolische Hervorhebung, die Akteure oder Gruppen durch Verwendung von Statussymbolen und Distinktionsmerkmalen praktizieren (vgl. FU passim), oder, ganz anderes Beispiel, das für viele »traditionale« Gesellschaften kennzeichnende Ehrenkapital an gegenseitiger sozialer Anerkennung (vgl. TdP 11-47).

Kurzum, jeder »Kredit« (RuA 152) an legitimer gesellschaftlicher Anerkennung und Wertschätzung stellt ein symbolisches Kapital dar, das seiner Konstitutionslogik nach unabhängig von dem objektiv-ökonomischen und -kulturellen Kapital ist. Faktisch gesehen jedoch ist es wohl in den allermeisten Fällen nur im Verein mit den anderen Kapitalformen anzutreffen, wobei es in der Lage ist, deren spezifische Effizienz und Wirksamkeit zu steigern. (Vgl. FU 396) Im Unterschied zur Logik der Knappheit, die für ökonomisches und kulturelles Kapital (in objektiviertem oder inkorporiertem Zustand) kennzeichnend ist, gehorcht das symbolische Kapital einer Logik der Hervorhebung und Anerkennung.

Vor allem an dieser Kapitalform sowie an allen Kapitalien, die eine symbolische Komponente haben, zeigt sich, daß es sich dabei um genuin soziale Phänomene handelt, die nur soziologisch – und nicht ökonomisch – adäquat begriffen werden können. Zustande kommt symbolisches Kapital mittels gesellschaftlicher Anerkennungsakte, die bestimmten Akteuren oder gesellschaftlichen Gruppen einen »Kredit« an Ansehen und damit ein bestimmtes Prestige einräumen. Es handelt sich dabei gleichsam um Akte »kollektiver Magie«, wie Bourdieu in Anspielung auf Marcel Mauss' Theorie der Magie[54] formuliert. Eine wichtige Funktion übernimmt symbolisches Kapital – als mehr oder minder dauerhaft verbürgte Anerkennung von bestimmten Akteuren und Gruppen – im Kontext der alltäglichen Legitimation gesellschaftlicher Herrschaftsverhältnisse. (Siehe Kapitel 5)

Soweit die vier Grundformen von Kapital, die anhand der genannten Kriterien begrifflich recht klar und eindeutig bestimmt sind. Anzumerken ist, daß der Kapitalbegriff in Bourdieus Analysen mit der Zeit eine gewisse inflationäre Verwendung erfahren hat, und zwar vor allem bezüglich der verschiedenen Unterarten des kulturellen Kapitals. »Bildungs-« und »Schulkapital«, »intellektuelles«, »wissenschaftliches«, »philosophisches«, »universitäres«, »politisches«, »linguistisches« Kapital (vgl. Hoac passim): dies alles sind Begriffe, die in Bourdieus Untersuchungen – oft nur beiläufig, ohne weitere Präzisierung – verwendet werden.

Erklären bzw. begründen läßt sich diese Begriffsinflation jedoch damit, daß gleich den übrigen Begriffen Bourdieus auch das Kapitalkonzept aus konkreten Forschungsproblemen heraus konzeptualisiert worden ist – und folglich im Zuge fortschreitender Forschungsarbeiten Differenzierungen und Modifikationen erfahren kann und muß. Zum Beispiel wurde das Konzept des kulturellen Kapitals ursprünglich im Zusammenhang bildungssoziologischer Fragestellungen entwickelt, um die ungleichen Schulleistungen von Kindern unterschiedlicher Klassenherkunft theoretisch erklären zu können. (MdM 53) Auch das Konzept des Sozialkapitals geht zurück auf eine Forschungshypothese, derzufolge die ungleichen Erträge, die verschiedene Akteure aus den gleichen materiellen und kulturellen Ressourcen erzielen (können), auf die jeweilige Unterstützung durch unterschiedlich mächtige soziale Gruppen zurückzuführen sind. (MdM 76, Anm. 12) Kurz und gut, das Kapitalkonzept, auch wenn es zusammen mit der Feldtheorie die theoretische Grundlage zu einer allgemeinen Ökonomie sozialer Praxisformen darstellt, verdankt letztendlich seine Entwicklung weniger Bourdieus Interesse an einer systematischen Theorie, sondern dem Bemühen, konkrete Forschungsfragen zu lösen. Das hat zur Folge, daß das Kapitalkonzept als analytisches Instrumentarium vom jeweiligen Forschungs- und Erkenntnisinteresse abhängig ist und daß, je feiner das analytische Raster angelegt sein soll, es sinnvoll ist, mehrere (Unter-)Arten von Kapital zu unterscheiden.

Kommen wir noch einmal auf das Verhältnis der Begriffe »Feld« und »Kapital« zurück. Die verschiedenen sozialen Felder, so wurde gesagt, sind im wesentlichen definiert durch ihren spezifischen »Spielraum«, die jeweiligen »Spielregeln« und durch ihre spezifischen »Einsätze«, d.h. Kapitalformen. (Vgl. SoSi 123) Statisch betrachtet ist – bei vorgegebenen Spielregeln – die Struktur eines Feldes durch die Verteilungsstruktur des jeweils gültigen Kapitals bestimmt, wobei Kapital als »Verfügungsmacht im Rahmen eines Feldes« (SRuK 10) fungiert. Die sozialen Akteure in ihrer Eigenschaft als Kapitalbesitzer stellen gleichsam die Strukturelemente dar, zwischen denen Relationen bestehen, welche systematischen Einfluß auf die Praxis nehmen. Innerhalb der verschiedenen »Kraftfelder« entstehen so um die kapitalstärkeren Akteure und Gruppen Kraft- und Machtzentren.

Dynamisch, also unter Einbeziehung einer sozialgeschichtlichen Perspektive gesehen, ist ein Feld jedoch in ständigem Wandel begriffen, einem Wandel, der sich auf die beiden oben unterschiedenen (Zwangs-)Aspekte eines Feldes beziehen kann: auf die Struktur des Feldes, d. h. die Verteilung des Kapitals zwischen den verschiedenen Akteuren und Gruppen von Akteuren, und/ oder auf die feldspezifischen »Spielregeln« und deren Legitimität. Deshalb »gilt, daß in jedem dieser Spiel-Räume sowohl die Definition dessen, worum gespielt wird, als auch der Trümpfe, die stechen, immer wieder aufs Spiel gesetzt werden kann« (SRuK 27). Und aus diesem Grunde sind soziale Felder nicht nur als *Praxisfelder, Kraftfelder, Spielfelder* beschreibbar, sondern auch als »Kampffelder, auf denen um Wahrung oder Veränderung der Kräfteverhältnisse gerungen wird« (SRuK 74).

Diese Definition von sozialen Feldern als *Kampffelder* verweist auf zweierlei: auf die Schlüsselstellung der Macht- und Herrschaftssthematik innerhalb der Bourdieuschen Soziologie und, eng damit zusammenhängend, auf den agonistischen, konflikttheoretischen Grundzug seines soziologischen Paradigmas.[55] Daraus erklärt sich auch die zentrale Stellung des *Strategiebegriffs* innerhalb der Bourdieuschen Theorie.

Bekanntlich kommt dem Strategiebegriff auch in anderen sozialwissenschaftlichen Ansätzen, namentlich den Rational-Choice- und den Spieltheorien[56], eine maßgebliche Bedeutung zu. Doch von diesen gängigen handlungstheoretischen Konzeptualisierungen mit ihrer »naiv finalistischen Anschauung der Praktik« (RuA 114) unterscheidet sich der habitustheoretisch fundierte Strategiebegriff in wenigstens einem entscheidenden Punkt: Nicht die intentional ausgeführte, den subjektiven Berechnungen eines erfolgsorientierten Subjekts entspringende strategische Handlung, sondern die vom praktischen Sinn des Habitus generierte strategische Praxis steht bei Bourdieu im Mittelpunkt.[57] Rationales Kalkül, wie es mit den Strategiebegriffen der Rational-Choice- und der Spieltheorien konzeptualisiert ist, bleibt Bourdieu zufolge die Ausnahme, die vor allem dann in Erscheinung tritt, wenn aufgrund objektiver (feldspezifischer) oder subjektiver (psychologischer) Krisenerscheinungen die quasiinstinktiven Mechanismen des strategisch angelegte Praktiken generierenden Habitus versagen.

Aber nicht nur von den subjektivistischen Theorien des rationalen strategischen Kalküls unterscheidet sich das Konzept strategischer Praxis; auch gegen die objektivistische Alternative einer deterministischen Regelbefolgung, wie sie Bourdieu im Strukturalismus von Lévi-Strauss angelegt sieht, ist sein Strategiebegriff gerichtet. Statt der mechanischen Regelhaftigkeit sozialer Praxisformen stellt Bourdieu den strategischen Variationsspielraum, der den Praktiken sozialer Akteure zukommt, in den Vordergrund.[58]

Somit zielt Bourdieus Strategiebegriff in praxistheoretischer Hinsicht auf eine Vermittlung zwischen dem objektivistischen (mechanistischen) Strukturdeterminismus, der das Prinzip sozialer Praxis in einer Mechanik struktureller Zwänge ausfindig macht, und dem subjektivistischen Handlungsvoluntarismus, der soziale Handlungen in den freien Entscheidungen eines selbstgewählten und rational-strategisch realisierten Entwurfs begründet sieht. Strategien im Bourdieuschen Verständnis sind Produkte des ihnen als »Erzeugungsprinzip« zugrundeliegenden Habitus (TdP 165) und als solche weder regelhaft determiniert noch rational kalkuliert; sie entspringen dem sozialen Sinn (»sens pratique«) für das Spiel und die Einsätze innerhalb eines Feldes. Kurzum, »Strategien [...] sind Handlungen, die sich objektiv auf Ziele richten, die nicht unbedingt auch die subjektiv angestrebten Ziele sein müssen« (SF 113).

Einer der Grundmechanismen, der für die Dynamik innerhalb eines jeden Feldes verantwortlich ist, besteht – und hier kommt die agonistische Grundausrichtung des Bourdieuschen Ansatzes zum Tragen – in dem »Kampf zwischen den Herrschenden und den Anwärtern auf die Herrschaft« (SF 107). Dementsprechend kann man, den herrschenden und beherrschten Positionen innerhalb eines Feldes korrespondierend, zwei Typen von Strategien unterscheiden: die »Erhaltungsstrategien«, die von den etablierten Akteuren innerhalb des Feldes eingesetzt werden, um ihre (herrschenden) Positionen aufrechtzuerhalten, und die »Strategien der Häresie« (SF 109), der Infragestellung der etablierten Ordnung, die darauf zielen, ihrerseits herrschende Positionen zu erobern und dadurch die momentan Herrschenden aus ihrer Dominanz zu verdrängen. Diese grundlegenden Auseinandersetzungen sind die Basis der historischen Veränderungen innerhalb der verschiedenen sozialen Felder.

Nun sind natürlich nicht alle sozialen Akteure in den verschiedenen Feldern gleichermaßen engagiert. Wenn die Zugehörigkeit zu einem sozialen Feld nicht angeboren ist (vgl. SoSi 122), muß sie erst, wie in den spezifischen Feldern ausdifferenzierter Gesellschaften, erworben werden. Eine der notwendigen Voraussetzungen für das direkte und persönliche Engagement innerhalb eines spezifischen Feldes, für die Teilnahme an den dortigen Auseinandersetzungen, besteht darin, daß man sich für genau dieses Feld und die dortigen Einsätze »interessiert«, daß man also eine affektive und motivationale Bindung an dieses spezifische Feld und damit einen Glauben an den Wert des dortigen Spiels entwikkelt. Es gibt von daher keine absolut interesselose Praxis. Aus der Perspektive von Bourdieus Ökonomie der Praxis sind alle gesellschaftlichen Praxisformen, auch außerhalb des engen Bereichs materieller Profitinteressen, mit spezifischen Interessen verbunden, und sei es, wie im Falle der Kunst und Kultur, ein »Interesse an Uneigennützigkeit« (AaE 400), an der Verleugnung von (materiellen) Interessen. Desinteressiertheit kann es also immer nur in bezug auf bestimmte einzelne Felder, deren Geschichte und Praxisformen geben, nicht jedoch bezüglich gesellschaftlicher Praxis schlechthin. Das bedeutet, daß jedes spezifische Feld, außer durch seine Spielregeln, Einsätze und Profitmöglichkeiten, durch ein für es charakteristisches spezifisches Interesse gekennzeichnet ist. (Vgl. etwa RuA 111 ff.)

Die affektiv-motivationale Bindung an ein Feld vereint die Gegner innerhalb dieses Spielraumes auf die gleiche Weise, wie zwei gegnerische Mannschaften oder zwei Gegenspieler an die gemeinsamen Spielregeln, in deren Rahmen sie ihren Kampf ausführen, gebunden sind. Dies erlaubt es, von einem »Konsens« (RuA 58) bezüglich der Spielregeln und legitimen Einsätze zu sprechen. Gleichwohl schließt dieser (jederzeit aufkündbare) »Konsens« keineswegs aus, daß innerhalb – oder unterhalb – desselben permanent »Konflikte« (RuA 58) bestehen zwischen Gegenspielern, die ihre ganz partikularen Interessen verfolgen; zu nennen sind beispielsweise Interessen am Spielgewinn oder an der Optimierung feldspezifischer Profite.[59]

Und bei diesen sozialen Kämpfen geht es letztlich um nichts anderes als um Macht und Prestige, d.h. um die Akkumulation spezifischer Kapitalien, die als Verfügungsmacht im Rahmen eines Feldes fungieren, um die Legitimierung (bzw. Delegitimierung) der in einem Feld gültigen Spielregeln, um den aus der sozialen Anerkennung eines Akteurs resultierenden symbolischen Mehrwert an Prestige und schließlich, als Konsequenz aus alledem, um die Position der Akteure im Feld sozialer Klassen.

Hören wir zum Bisherigen zusammenfassend Bourdieu:

»Die Struktur des Feldes gibt den *Stand* der Machtverhältnisse zwischen den am Kampf beteiligten Akteuren oder Institutionen wieder bzw., wenn man so will, den *Stand* der Verteilung des spezifischen Kapitals, das im Verlauf früherer Kämpfe akkumuliert wurde und den Verlauf späterer Kämpfe bestimmt. Diese Struktur, die der Ursprung der auf ihre Veränderung abzielenden Strategien ist, steht selber ständig auf dem Spiel: Das

Objekt der Kämpfe, die im Feld stattfinden, ist das Monopol auf die für das betreffende Feld charakteristische legitime Gewalt (oder spezifische Autorität), das heißt letzten Endes der Erhalt bzw. die Umwälzung der Verteilungsstruktur des spezifischen Kapitals.« (SF 108)

Als abschließende Bemerkung zur Feldtheorie sei noch auf deren entwicklungssoziologische Implikationen hingewiesen. Nicht nur innerhalb der verschiedenen Felder gibt es eine historische Dynamik, die auf die strategischen Auseinandersetzungen der um die Akkumulation von Kapital streitenden Akteure zurückzuführen ist; auch die spezifischen Felder als solche haben sich erst im Zuge bestimmter historischer Entwicklungen als relativ autonome Felder ausdifferenziert. Mit der Analyse dieser gleichsam externen Dynamik der Felder knüpft Bourdieu an die Tradition soziologischer Evolutions- und Differenzierungstheorien an, die von Herbert Spencer (»Evolution«) über Auguste Comte (»Drei-Stadien-Gesetz«), Emile Durkheim (»Arbeitsteilung«) bis hin zu den sogenannten Modernisierungstheorien reichen. Auffällig dabei ist, daß Bourdieus »Differenzierungstheorie«, deren zentrale Fragestellung auf die Analyse der (historisch stets revidierbaren) relativen Autonomie spezifischer Felder abzielt, im Vergleich zum Systematisierungsgrad der neueren soziologischen Entwicklungstheorien wenig elaboriert anmutet.

Von einem autonomen ökonomischen Feld innerhalb einer Gesellschaft spricht Bourdieu, wenn diese über bestimmte ökonomische Institutionen wie einen vereinheitlichten und »selbstregulierenden Markt« (Karl Polanyi), spezialisierte Wirtschaftssubjekte und ausdifferenzierte ökonomische Interessen verfügt. (Vgl. SoSi 224 ff.) Ein relativ autonomes kulturelles Feld hat demgegenüber die Objektivierung kultureller Traditionen durch Schrift und die Weitergabe und persönliche Aneignung dieser Tradition im Rahmen eines Schulsystems zur Voraussetzung. Zu einer autonomen Kapitalform wird Kultur schließlich dadurch, daß ein Bildungssystem durch Titelvergabe die Verfügung über Kulturkapital legitimiert und »die jeweilige Position in der Verteilungsstruktur des kulturellen Kapitals dauerhaft sanktioniert« (SoSi 228). Weitere Differenzierungsprozesse innerhalb des autonomen kulturellen Feldes resultieren aus der Spezialisierung bestimmter kultureller Bereiche und der damit zusammenhängenden Ausdifferenzierung vielfältiger Unterformen des Kulturkapitals.

Mit derartigen Überlegungen ist eine soziologische Differenzierungstheorie zumindest angedeutet, wenngleich diese Theoriekomponente Bourdieus bei weitem nicht so elaboriert ist, daß sie mit der *Komplexität* beispielsweise von evolutions- oder modernisierungstheoretischen Ansätzen konkurrieren könnte. Ein Grund für Bourdieus relative Zurückhaltung bezüglich der Systematisierung entwicklungstheoretischer Problemstellungen scheint mir darin zu liegen, daß er als Ethnologe, wie in den Ausführungen zur *Theorie der Praxis* schon angeklungen ist, ein Gespür für die Eigenheiten von verschiedenen Kulturen und für die zwischen diesen bestehenden irreduziblen Differenzen hat. Bekanntlich werden diese Unterschiede jedoch in den (auf die westliche Kultur und Gesellschaft zentrierten und politisch wie moralisch zumeist voreingenommenen) Modernisierungstheorien mehr oder weniger systematisch ausgeblendet, weshalb solche Theorien für einen ethnologisch geschulten Soziologen wie Bourdieu unattraktiv sind.

Ein weiterer Grund muß aber sicherlich auch darin gesehen werden, daß die empirischen Untersuchungen Bourdieus zur historischen Genese der verschiedenen Felder noch längst nicht abgeschlossen sind. Wie einige der neueren Publikationen bestätigen, ist die detaillierte Erforschung der Ausdifferenzierungsprozesse spezifischer sozialer Felder in Richtung auf deren höhere Autonomie weiterhin ein zentrales Thema Bourdieus. (Zum Feld der Literatur und Kunst siehe Rda) Ob sich daraus so etwas wie eine allgemeine Theorie sozialer Differenzierung ableiten bzw. entwickeln läßt, bleibt abzuwarten. Unzweifelhaft ist aber jetzt schon, daß die Feldtheorie an solche Diskussionszusammenhänge und Fragestellungen grundsätzlich anschlußfähig ist.[60]

Mit seiner Theorie sozialer Felder, so können wir festhalten, entwirft Bourdieu das plurale Bild einer in spezifische Felder differenzierten sozialen Welt, in der permanent Kämpfe um die Aneignung und Bewahrung von Kapitalressourcen und um die Definition der in sozialen Auseinandersetzungen relevanten Einsätze und Gewinnmöglichkeiten stattfinden.

Eine Gesamtschau der sozialen Welt über die spezifischen Felder hinaus ergibt sich daraus jedoch noch nicht. Eine derart erweiterte Perspektive bietet Bourdieus klassentheoretisches Modell des sozialen Raumes.

5. Sozialraum, Klassen und Kultur

Als einen Versuch, die Pluralität der relativ autonomen Felder in ein analytisch umfassenderes Modell zu integrieren, kann man Bourdieus Modell des sozialen Raumes und sozialer Klassen verstehen. Das am Beispiel Frankreichs konstruierte Sozialraum-Modell bietet einen umfassenden Blick auf die soziale Welt einer modernen Klassengesellschaft, gleichsam eine Zusammenschau der mit der Feldtheorie analysierten verschiedenen Felder – freilich ohne daß damit eine Hinwendung zu einer totalisierenden Vorstellung von Gesellschaft verbunden wäre, der zufolge »die« Gesellschaft monistisch auf ein zentrales Funktionsprinzip zurückgeführt werden kann.

Diese quantitative Erweiterung der theoretischen Perspektive ist freilich nur um den Preis komplementärer analytischer Nachteile zu haben. Erstens wird die Ausdehnung des theoretischen Blickes auf *die soziale Welt in ihrer Gesamtheit* mit einem Verlust an »Schärfe« und Differenziertheit des analytischen Rasters bezahlt. Die Untersuchung der Klassenverhältnisse einer Gesamtgesellschaft bringt notwendigerweise Abstraktionen mit sich, zu denen man bei einer relativ detailliert durchführbaren Analyse spezifischer Felder mit den dort handelnden Einzel- und Gruppenakteuren nicht, zumindest nicht in diesem Maße, genötigt ist. Zweitens wird die in der Feldtheorie angelegte diachron-dynamische Perspektive mit dem Wechsel zum Raum-Modell durch eine weitgehend synchron-statische Perspektive ersetzt. Das Sozialraum-Modell kann lediglich einen historischen

Zustand des Feldes der sozialen Klassen und der in ihm stattfindenden Auseinandersetzungen erfassen. Kurzum, die analytischen Stärken, die das Raum-Modell im Vergleich zur Feldtheorie bietet (umfassender, synchroner Blick auf die Gesamtgesellschaft), werden durch komplementäre analytische Schwächen (Verlust an Differenzierungen und folglich an Detailerkenntnissen, Abstraktion von der Dynamik sozialer Prozesse) erkauft.

Ein bestimmtes theoretisches Modell kann eben nicht alles leisten, vielmehr muß man die analytischen Vor- und Nachteile der verschiedenen Konzepte – hier: der Feldtheorie und des Sozialraum-Modells – je nach Erkenntnisinteressen gegeneinander abwägen. Dies schließt nicht aus, daß Bourdieu – vor allem in den *Feinen Unterschieden* hat er es demonstriert – die beiden Ansätze zusammenführt und miteinander kombiniert. Die grundsätzlichen perspektivischen Differenzen der beiden Konzepte werden dadurch aber nicht aufgehoben.

Thematisch gesehen steht Bourdieus Modell des sozialen Raumes und sozialer Klassen in dem soziologischen Diskussionszusammenhang der theoretischen Konzeptualisierung und empirischen Analyse sozialer Ungleichheitsverhältnisse.[61] Innerhalb dieses Diskussionszusammenhanges lassen sich, schematisch betrachtet, zwei Theorietraditionen unterscheiden, die sich lange Zeit als exklusive Alternativen verstanden und deren Vertreter sich bisweilen scharfe theoretische Debatten geliefert haben: die auf Karl Marx zurückgehende Klassentheorie auf der einen und die in mancher Hinsicht an Max Weber anknüpfende Schichtungstheorie auf der anderen Seite.

Für Marx ist die soziale Struktur einer kapitalistischen Gesellschaft wesentlich bestimmt durch die ungleiche Stellung, die soziale Akteure innerhalb des Wirtschaftssystems innehaben. Anhand des Kriteriums des Besitzes oder Nicht-Besitzes von

Produktionsmitteln postuliert Marx eine Spaltung kapitalistischer Gesellschaften in zwei antagonistische soziale Klassen[62]: in die »Bourgeoisie«, die herrschende Klasse der Besitzer von Produktionsmitteln (und/oder von Grundeigentum), und das »Proletariat«, die beherrschte Klasse der Arbeiter, die nichts als ihre Arbeitskraft besitzen und deshalb gezwungen sind, diese den Kapitalbesitzern als Ware zu verkaufen. Auch wenn er sich an manchen Stellen seines Werkes differenzierter geäußert hat, bleibt das in letzter Instanz entscheidende Differenzierungskriterium sozialer Ungleichheit, welches Marx und die ihm folgenden genuin marxistischen Ansätze in den Vordergrund stellen, ein objektiv-ökonomisches, das mehr oder minder ausschließlich auf die materiellen Besitz- und Eigentumsverhältnisse abstellt.

Sich gegen die ausschließlich ökonomische Bestimmung gesellschaftlicher Strukturen wendend, hat Max Weber mit seiner Unterscheidung von *Klasse* und *Stand* (zusätzlich) eine kulturell-symbolische Dimension in die Analyse der Ungleichheitsverhältnisse moderner Gesellschaften eingeführt. Ein *Stand*, im Gegensatz zur auch bei Weber rein ökonomisch definierten Klasse, ist für ihn durch spezifische Formen der Lebensführung gekennzeichnet, denen jeweils bestimmte subjektive Wertpräferenzen und Anerkennungsverhältnisse zugrunde liegen. Damit kommt ein subjektives, die standesspezifischen Einschätzungen betreffendes Moment zur Geltung, das von der ökonomisch bedingten Klassenlage relativ unabhängig sein kann.[63] Die Annahme, daß mehr oder minder subjektive Werte und Einschätzungen für soziale Ungleichheitsverhältnisse konstitutiv sind, findet sich auch in den – implizit oder explizit an Max Weber anknüpfenden – Schichtungstheorien, welche die Sozialstruktur einer Gesellschaft als vertikale Schichtung von Statusgruppen begreifen, denen, einem mehr oder minder geteilten Wertekonsens entsprechend, ein unterschiedliches soziales Prestige zukommt.

Der Gegensatz von Klassentheorien (Definition sozialer Klassen anhand ihrer objektiven Stellung im Produktionsprozeß) und Schichtungstheorien (Bestimmung sozialer Schichten unter Bezugnahme auf subjektive Wertschätzungen sozialer Akteure, die eine Prestigehierarchie konstituieren) kann nun ebenfalls als eine Variante des die gesamten Sozialwissenschaften durchziehenden Gegensatzes von Objektivismus und Subjektivismus interpretiert werden. Seiner allgemeinen Programmatik folgend, ist Bourdieu auch hier bestrebt, eine Alternative zu dem üblichen Dualismus zu formulieren, konkret gesprochen: ein Modell des sozialen Raumes zu konstruieren, das eine integrierende Analyse der unterschiedlichen, von Klassen- und Schichtungstheorien thematisierten Formen sozialer Ungleichheit ermöglichen soll. (Vgl. FU 380 f.; SF 52 f.) Wenden wir uns nun im einzelnen dem Modell des sozialen Raumes zu, das, obzwar am konkreten Beispiel der französischen Nachkriegsgesellschaft entwickelt, in strukturtheoretischer Hinsicht Gültigkeit für alle Klassengesellschaften beansprucht. (Vgl. FU 11 ff.)

Die Konstruktion eines recht komplexen Modells des sozialen Raumes erfolgt in einem ersten theoretischen Schritt entlang einer vertikalen und einer horizontalen Achse, gemäß den Kriterien *Kapitalvolumen*, *Kapitalstruktur* und *soziale Laufbahn*. Anhand dieser Kriterien, mit denen die objektiven – materiellen, kulturellen und laufbahnspezifischen – Lebensverhältnisse von (Klassen von) Akteuren theoretisch erfaßt werden, konstruiert Bourdieu als eine erste Ebene des sozialen Raumes einen *Raum objektiver sozialer Positionen*. Es handelt sich dabei um »Positionen, die sich wechselseitig zueinander definieren, durch Nähe, Nachbarschaft oder Ferne sowie durch ihre relative Position, oben oder unten oder auch zwischen bzw. in der Mitte usw.« (RuA 138). In der Betonung der strukturkonstituierenden *Rela-*

tionalität dieser Positionen manifestiert sich ein Denken in Relationen, in Beziehungsverhältnissen, das – im Unterschied zu einem Denken in Substanzen – für die moderne Wissenschaft im allgemeinen[64] und den Strukturalismus im besonderen (vgl. SdsF 7-41) charakteristisch ist.

Kapitalvolumen meint den Umfang an ökonomischem, kulturellem und sozialem Kapital, über das eine Klasse typischerweise, d.h. statistisch gesehen, verfügt. Die *Kapitalstruktur* betrifft das relative Verhältnis der Kapitalarten zueinander, also die Frage, ob überwiegend ökonomisches oder vornehmlich kulturelles Kapital vorhanden ist. (Das soziale Kapital an gesellschaftlichen Beziehungen wird in diesem Zusammenhang von Bourdieu, wohl aus konstruktionstechnischen Gründen, weitgehend vernachlässigt.) Mit der *sozialen Laufbahn* schließlich berücksichtigt Bourdieu den Sachverhalt, ob eine bestimmte soziale Klasse oder Klassenfraktion sich eher in relativem sozialem Aufstieg oder Abstieg befindet oder ob ihre Position während des Untersuchungszeitraumes eher konstant geblieben ist. Dieses letzte Kriterium gestattet vor allem eine interne Differenzierung der Mittelklasse in *absteigendes*, *exekutives* und *neues Kleinbürgertum*. (Vgl. FU 541 ff.)

Der anhand dieser drei theoretischen Kriterien definierte Raum sozialer Positionen wird empirisch konkretisiert[65] mittels der Auswertung umfangreichen statistischen Materials über Einkommensverhältnisse, Schulbildung, Berufsqualifikation, soziale Herkunft usw., das sich auf die französische Gesellschaft der sechziger und frühen siebziger Jahre bezieht. Unter Zugrundelegung der obigen Kriterien führt die Auswertung der Daten zur Konstruktion von gesellschaftlichen Klassen und Klassenfraktionen, die innerhalb des so dimensionierten sozialen Raumes positioniert werden können. Schon mit diesem ersten Konstruktionsschritt gewinnt Bourdieu ein relativ komplexes Modell, das eine empirisch fundierte Sichtweise auf die französischen Klassenverhältnisse bietet, die tatsächlich, wie ein kurzer Blick in die *Feinen Unterschiede* belegt, derart ins Detail geht, daß sie hier unmöglich in allen ihren Einzelheiten referiert werden kann. Damit wir uns nicht in der Fülle der soziographischen Details verlieren, wird im folgenden holzschnitthaft vereinfacht.

Zur Veranschaulichung des Raum-Modelles und um einen Bezug zur Empirie herzustellen, kann man sich ein zweidimensionales graphisches Schema vorstellen, mit einer (x)- und einer (y)-Achse. (Zum Folgenden siehe vor allem das Diagramm[66] in: FU 212 f.) Unter Verwendung der Kriterien *Kapitalvolumen* und *Kapitalstruktur* kann das Modell des Sozialraumes in einem ersten Schritt entlang des (x)-(y)-Achsenkreuzes folgendermaßen graphisch repräsentiert werden:

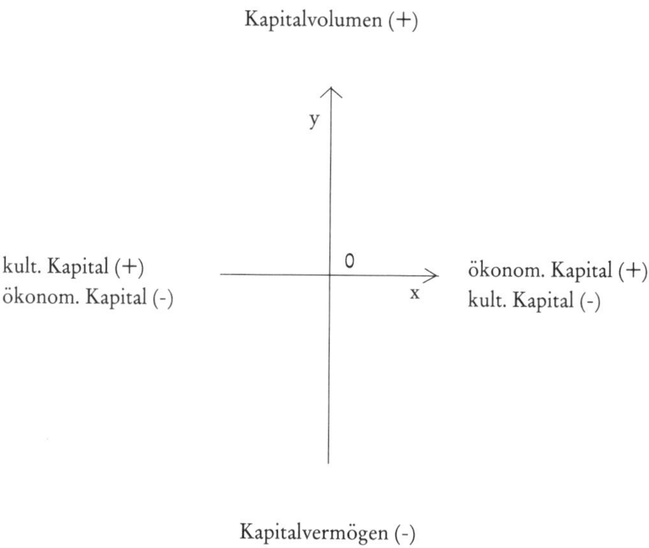

Entlang der beiden Dimensionen *Kapitalvolumen* (y-Achse) und *Kapitalstruktur* (x-Achse) können nun – vor dem Hintergrund der einschlägigen Sozialstatistiken – die unterschiedlichen sozialen Positionen, die in diesem Kontext von Bourdieu mit Berufsbezeichnungen belegt werden, verortet werden. So nehmen beispielsweise an der Spitze der oberen Hälfte, als Fraktion mit ausgeglichener Kapitalstruktur (Umfang an ökonomischem und kulturellem Kapital relativ gleich, d. h. x-Wert nahe Null) und großem Kapitalvolumen (hoher y-Wert), die freien Berufe eine ihrer gesellschaftlichen Stellung entsprechende »hohe« Position ein. Etwas darunter, mit ein wenig niedrigeren y-Werten aufgrund geringeren Kapitalumfangs, sind die Führungskräfte in der Privatwirtschaft (»cadres privés«) und die Ingenieure angesiedelt. Mit abnehmendem Kapitalumfang (fallende y-Werte) und einer ähnlich ausgeglichenen Kapitalstruktur folgen in Bourdieus Diagramm diesen Berufsgruppen in absteigender Linie entlang der y-Achse die Führungskräfte im öffentlichen Dienst (»cadres publics«), die medizinisch-sozialen Dienstleistungsberufe, die Kunsthandwerker und -händler, die mittleren Führungskräfte (»cadres moyens«), die Techniker, die Angestellten in Büro und Handel, die Vorarbeiter, die Facharbeiter, die angelernten Arbeiter und schließlich, mit dem geringsten Kapitalvolumen, die Hilfsarbeiter. Diese vertikale Hierarchie, die noch sehr an die Hierarchien der klassischen Schichtungstheorien erinnert, ergibt sich, wenn wir den Raum der Positionen entlang der y-Achse durchschreiten. Doch im Unterschied zu eindimensionalen Schichtungsmodellen (zur Kritik vgl. FU 208 f.) ist Bourdieus Sozialraum auch entlang der Horizontale strukturiert.

Ihrer primär durch kulturelles Kapital geprägten Kapitalstruktur entsprechend sind im linken oberen Viertel die Hochschullehrer, Kunstproduzenten und Lehrer höherer Schulen verortet; bezüglich der y-Achse fast spiegelbildlich dazu, im rechten oberen Viertel, befinden sich, gemäß ihrer durch ökonomisches Kapital dominierten Kapitalstruktur, die Handels- und Industrieunternehmer. In der oberen Hälfte des linken unteren Viertels (in dem wiederum das kulturelle Kapital relativ vorherrscht) sind die Kulturvermittler, die Volksschullehrer und die mittleren Führungskräfte der Verwaltung angesiedelt, die aufgrund des annähernd gleichen Kapital*volumens* in etwa parallel zu den nahe der y-Achse angesiedelten Kunsthandwerkern, mittleren Führungskräften und Technikern eingezeichnet sind. Schließlich finden sich im rechten unteren Viertel die Handwerker, die Kleinkaufleute und, aufgrund ihres geringen kulturellen Kapitals (gemessen an Schulabschlüssen und Bildungstiteln) am äußersten rechten Rand der Graphik, die Landwirte. Soviel zu dem für die französische Sozialstruktur der sechziger und frühen siebziger Jahre charakteristischen Raum sozialer Positionen, in dem Gruppen von Akteuren, die anhand ihres statistisch ermittelten Kapitals (Umfang und Struktur) bestimmt und durch die verschiedenen Berufskategorien gekennzeichnet werden, differentielle Stellungen einnehmen.

Diese verschiedenen, an Berufsgruppen festgemachten sozialen Positionen lassen sich – ohne daß damit eine eindeutige Abgrenzbarkeit oder eine scharfe Trennungslinie postuliert sein soll – zu drei großen sozialen Klassen zusammenfassen: Zu nennen ist erstens die herrschende Klasse[67], die sich aus zwei gegensätzlichen, eine »Teilung der Herrschaftsarbeit« (IuM 77) in ökonomische und intellektuelle Herrschaft repräsentierenden Fraktionen zusammensetzt, und zwar aus den über ökonomisches Kapital verfügenden »herrschenden Herrschenden« (idealtypisch: Unternehmern) und aus den über Kulturkapital verfügenden »beherrschten Herrschenden« (idealtypisch: Intellektuellen). Die zweite große soziale Klasse stellt die Mittelklasse oder das Kleinbürgertum dar – mit den oben schon erwähnten Fraktionen des *absteigenden*, *exekutiven* und *neuen Kleinbürgertums*. Bei dieser Klasse sind die Mobilitätsprozesse innerhalb des Sozialraumes am ausgeprägtesten. Die dritte Klasse schließlich ist die Klasse der schlechthin Beherrschten oder, wie sie auch genannt wird, die Volksklasse (»classe populaire«).

Mit dieser (vorläufigen) Charakterisierung sozialer Klassen durch ihre Situierung im Raum sozialer Positionen, dies muß einschränkend hinzugefügt werden, ist freilich noch keineswegs hinreichend bestimmt, was im Rahmen des Sozialraum-Modells eine soziale Klasse kennzeichnet.

Bourdieu nimmt nämlich eine weitere Differenzierung bzw. eine Ergänzung vor, die für eine adäquate Konstruktion sozialer Klassen und für die Überwindung des Gegensatzes von Klassen- und Schichtungstheorien unverzichtbar ist: Innerhalb des Sozialraum-Modells unterscheidet er zwei relativ eigenständige Sub-Räume. Diese sind der *Raum der sozialen Positionen* – der soeben am Beispiel der französischen Berufsgruppen dargestellt wurde – und der *Raum der Lebensstile*. Unter einer sozialen Position ist, wie ausgeführt, die jeweilige objektive ökonomische, kulturelle und soziale Bedingungslage einer sozialstatistisch erfaßten Gruppe von Akteuren zu verstehen.

Der Begriff des Lebensstils dagegen zielt auf diejenigen Merkmale, welche Max Weber mit seinem Begriff des Standes zu fassen suchte, nämlich die symbolischen Merkmale der Lebensführung, die sich nicht allein aus der objektiven Verfügung über ökonomische und kulturelle Ressourcen, sondern ebenso aus den gruppen- und klassenspezifischen – und insofern »subjektiven« – Wahrnehmungen, ästhetischen Wertschätzungen und Wahlpräferenzen erklären. Homolog zum Raum der Positionen, bilden die differentiellen Praktiken und gewählten Objekte der symbolischen Lebensführung – bevorzugte Nahrungsmittel, Musik,

Automobile, Literatur, Wohnverhältnisse, Sportarten usw. – einen strukturierten, distinktiven Raum der Lebensstile, verstanden als »repräsentierte soziale Welt« (FU 278).

Gemäß Bourdieus Grundthese, derzufolge »Wechselbeziehungen« (FU 11) zwischen den beiden Räumen, dem Raum sozialer Positionen und dem Raum der Lebensstile, bestehen, können nun den jeweiligen sozialen Positionen bestimmte typische Praktiken und Objekte der symbolischen Lebensführung zugeordnet werden. Um wiederum eine anschauliche Vorstellung zu erhalten, denke man sich die graphischen Schemata der beiden Räume als zwei transparente Folien, die, übereinandergelegt, den verschiedenen sozialen Positionen bestimmte Praktiken und Objekte des Lebensstils zuordnen.

Wie der Raum der objektiven Positionen wird auch der Raum der Lebensstile durch Auswertung von Statistiken – aber auch von qualitativem Einzelinterviewmaterial – über kulturellen Konsum, Freizeitbeschäftigung, Ernährungsgewohnheiten, Wohnverhältnisse usw. konkretisiert. Greifen wir zur Erläuterung und ohne Anspruch auf Vollständigkeit wahlweise die Praktiken des Sports heraus, dann finden sich zum Beispiel in der Nähe von Hochschullehrern und Lehrern höherer Schulen Schach und Bergsteigen verzeichnet, in der Nähe der Freien Berufe und privatwirtschaftlichen Führungskräfte Golf, Tennis, Wasserski; die typischen Sportarten der Handels- und Industrieunternehmer sind Reiten und Jagd. Am unteren Ende der Hierarchie des Raumes, im Umkreis der Arbeiterschichten, stehen Fußball, Rugby und Angeln.

Strukturell homologe Oppositionen lassen sich, um einen weiteren Komplex von Beispielen herauszugreifen, bei den Ernährungsgewohnheiten und Getränken ausmachen: Dem typischen Rindfleisch-, Fisch- und Obst-Konsum (abgesehen von Bananen) der oberen Klassen stehen, wiederum stark vereinfacht, der

Verzehr von Wurstwaren, Schweinefleich, »pot au feu« (Eintopf) und Brot entgegen (vgl. auch FU 306); bei den Getränken verläuft die Opposition zwischen Cocktails, Whisky, Champagner auf der einen und Pernod, Schaumwein, Bier und einfachem Rotwein auf der anderen Seite. Die Liste der Beispiele ließe sich leicht verlängern. Das soziographische Material zur Soziologie alltäglicher Lebensstilpraktiken, das Bourdieu in den *Feinen Unterschieden* präsentiert, ist schier unerschöpflich. Der interessierte Leser sei nachdrücklich auf dieses Buch verwiesen.

Uns geht es hier lediglich um die Veranschaulichung des Grundgedankens, daß soziale Positionen mit korrespondierenden typischen Praktiken und Objekten des kulturellen Konsums und der Lebensführung verbunden sind. Genauer gesagt, zwischen den objektiven Klassenpositionen und den symbolischen Formen der Lebensstile bestehen systematische Beziehungen. Freilich sind diese Beziehungen (und die in den obigen Beispielen vorgenommenen Zuordnungen) keine streng kausalen und absolut notwendigen, vielmehr handelt es sich um Korrespondenzen, die sich – wie schon die Zuordnung einzelner Personen zu Berufsgruppen und sozialen Positionen – völlig im Rahmen der »strukturellen Kausalität eines Faktorengeflechtes« (FU 184) oder, wie Bachelard gesagt hätte, der »Kausalität des Wahrscheinlichen« (TuS 173), bewegen.

Gleichwohl wird die »Homologie« (FU 286) des Raumes der sozialen Positionen und des Raumes der Lebensstile von Bourdieu nicht bloß hypothetisch behauptet und statistisch belegt, sondern auch theoretisch erklärt. Sie kommt durch die Vermittlung des Habitus zustande, und zwar in erster Linie durch die in ihm angelegten ästhetischen Klassifikations-, Bewertungs- und Handlungsschemata, die einem Lebensstil zugrunde liegen. Diese Schemata bezeichnet Bourdieu auch als *Geschmack*: »Der Geschmack, die Neigung und Fähigkeit zur (materiellen und/

oder symbolischen) Aneignung einer bestimmten Klasse klassifizierter und klassifizierender Gegenstände und Praktiken, ist die Erzeugungsformel, die dem Lebensstil zugrunde liegt.« (FU 283)

Als inkorporiertes Schema systematischer (obgleich nicht: intentionaler) Lebensführung ist der Habitus mit den in ihm angelegten ästhetischen Beurteilungs- und Wahlschemata dafür verantwortlich, daß auf der symbolischen Ebene kultureller Praktiken – im weitesten Sinne, von den Ernährungsgewohnheiten über Formen des Wohnens bis hin zu den Weisen des Umgangs mit (legitimer) Kunst – genau derjenige Lebensstil realisiert wird, der mit den gesellschaftlichen Existenzbedingungen objektiv (im Hinblick auf die zur Verfügung stehenden materiellen und kulturellen Ressourcen) und subjektiv (in bezug auf die klassenspezifischen Wahrnehmungs- und Bewertungsschemata) vereinbar ist. Hinsichtlich der Praktiken des kulturellen Konsums manifestiert sich der im Habitus angelegte soziale Instinkt als »Sinn für das Schickliche und das Unschickliche« (FU 392). Durch den Habitus konstituiert sich somit eine systematische Beziehung zwischen den objektiven Bedingungen materieller und kultureller Ressourcen auf der einen und den Praktiken der symbolischen, d. h. sich in Distinktionszeichen objektivierenden Lebensführung auf der anderen Seite. Im Rahmen des Sozialraum-Modells gesprochen: Die Habitusformen und die in ihnen angelegten Geschmacksdispositionen begründen eine intelligible Relation zwischen der objektiven Positionsstruktur und der symbolischen Struktur der Lebensstile.

Geschmack ist hierbei, entgegen gängigen Annahmen, keine aus dem subjektiven Belieben der Individuen resultierende, sondern eine sozialstrukturell bedingte Form ästhetischer Bewertung und Unterscheidung und deshalb, wie die Habitusformen im allgemeinen, klassenspezifisch ausgeprägt. Differentiell gesehen ist also der Geschmack – als Struktur von ästhetischen Klassifikations- und Praxisformen – dafür verantwortlich, daß der Lebensstil einer sozialen Klasse, aufgrund des ihm zugrundeliegenden habituellen »modus operandi« (FU 281), eine innere Einheit aufweist. Diese äußert sich als »*stilistische Affinität* der Praxisformen eines Akteurs oder einer Klasse von Akteuren, die jede Einzelpraxis zu einer ›Metapher‹ einer beliebig anderen werden läßt.« (FU 282)

Mittels ihres einheitlichen Stiles unterscheidet sich eine (akteur- oder klassenspezifische) Form der Lebensführung zudem auf systematische Weise von den anderen Lebensstilen innerhalb der Gesamtstruktur: »Der Habitus bewirkt, daß die Gesamtheit der Praxisformen eines Akteurs (oder einer Gruppe von aus ähnlichen Soziallagen hervorgegangenen Akteuren) als Produkt der Anwendung identischer (oder wechselseitig austauschbarer) Schemata zugleich systematischen Charakter tragen und systematisch unterschieden sind von den konstitutiven Praxisformen eines anderen Lebensstils.« (FU 278)

Kurzum, der Klassenhabitus als »einheitsstiftendes Erzeugungsprinzip der Praxis« (FU 175) macht die von Bourdieu hypothetisch postulierte und statistisch belegte Korrespondenz zwischen den beiden Sub-Räumen des Sozialraumes – dem Raum der sozialen Positionen und dem Raum der Lebensstile – strukturtheoretisch verständlich. En passant zeigt sich hier eine weitere konzeptuelle Leistung der Habitustheorie innerhalb des Bourdieuschen Gesamtansatzes.

Korrespondierend zu den drei weiter oben unterschiedenen großen sozialen Klassen kann man – wiederum vereinfachend, da es sich um intern durchaus weiter differenzierbare Formen handelt – drei lebensstilkonstituierende Geschmacksformen[68] unterscheiden (FU 36 ff.): Die erste stellt der *legitime Geschmack* der oberen Klasse dar, ein Geschmack, der, »aus Freiheit oder Luxus geboren« (FU 26), sich durch einen »Sinn für Distinktion«

(vgl. FU 405 ff.) auszeichnet und der die von den kulturellen Legitimationsinstanzen (Universitäten, Kritiker usw.) legitimierten Werke der (herrschenden) Kultur einer Gesellschaft präferiert. Die zweite Geschmacksform ist der *mittlere (»prätentiöse«) Geschmack* des Kleinbürgertums, der sich in erster Linie auf die durch Popularisierung in ihrem Distinktionswert schon entwerteten – und dadurch leichter zugänglichen – Werke der legitimen Kultur bezieht. Dabei ist das Verhältnis der mittleren Klassen zur legitimen Kultur durch einen Bildungseifer gekennzeichnet, der in seinem hartnäckigen Bemühen, sich die Werke und Praktiken der legitimen Kultur anzueignen, sowohl die mangelnde Vertrautheit mit dieser Kultur als auch den ausgeprägten Willen zur Distanzierung von der »vulgären« Kultur der unteren Klassen verrät. (Vgl. FU 500 ff.) Und drittens gibt es den *populären Geschmack*, der »illegitime«, d.h. von den kulturellen Legitimationsinstanzen nicht sanktionierte Werke und Praktiken (etwa Groschenroman und Volksmusik) bevorzugt und der, da aufgrund mangelnder ökonomischer und kultureller Ressourcen eine zwangsläufige »Entscheidung für das Notwendige« darstellend, auch als *Geschmack am Notwendigen* bezeichnet werden kann. (Vgl. FU 585 ff.)

Nach den Ausführungen zum Raum sozialer Positionen, zum Raum der Lebensstile und den zwischen beiden vermittelnden klassenspezifischen Habitus- und Geschmacksformen können wir jetzt zusammenfassen, wodurch soziale Klassen *im Rahmen des Bourdieuschen Sozialraum-Modells* charakterisiert sind. Eine soziale Klasse wird in dreierlei Hinsicht theoretisch definiert und empirisch bestimmt: 1. durch ihre objektiven – ökonomischen, kulturellen, sozialen, laufbahnspezifischen – Lebensbedingungen, 2. durch ihre aus der Inkorporation dieser Existenzbedingungen hervorgegangene, die Praxis in ästhetischer, kognitiver und normativer Hinsicht systematisch bestimmende Habitusform und 3. durch ihren spezifischen Lebensstil, also durch die gewählten Praktiken und Objekte der symbolischen Lebensführung. Dabei resultiert die *Distinktion* (so der Originaltitel der *Feinen Unterschiede)*, die den Lebensstil einer Klasse – positiv oder negativ – auszeichnet, aus dessen differentieller Beziehung zu den Lebensstilen der übrigen Klassen, und zwar unabhängig von jeglichem Streben nach Distinktion. Jeder spezifische Lebensstil ist strukturell, d.h. durch seine objektive Stellung innerhalb des symbolisch strukturierten Gesamtraumes, von anderen Lebensstilen unterschieden, »distinguiert«. Mit anderen Worten, der »demonstrative Konsum« (Thorstein Veblen[69]) von prestigeträchtigen Gütern und, allgemeiner, die von Max Weber so genannte (intentionale) »Stilisierung des Lebens«[70] bilden Bourdieu zufolge eher die Ausnahme denn die Regel – und sind folglich als theoretische Grenzfälle anzusehen, auf deren Grundlage sich keine umfassende Theorie symbolischer Distinktion formulieren läßt.

Über ihre lebensstilbildenden Funktionen hinaus manifestiert sich in den alltäglichen Distinktionsbeziehungen zugleich eine Form dessen, was Bourdieu als *symbolische Macht* bezeichnet. Darunter versteht er, im allgemeinsten Sinne, »eine (ökonomische, politische, kulturelle oder sonstige) Macht, die in der Lage ist, sich Anerkennung zu verschaffen; das heißt, die in ihrer Wahrheit als Macht, als willkürliche Gewalt verkannt werden kann« (SuG 42). Eine Macht, die sich Anerkennung verschafft hat, wird in der Soziologie auch als *legitime Macht* bezeichnet.

Mit Bourdieus Distinktions- und Lebensstiltheorie ist also zugleich, und darin unterscheidet sie sich von den meisten gängigen kultursoziologischen Ansätzen, eine Soziologie der Herrschaft verbunden. Ihren sachlichen Grund hat diese herrschaftssoziologische Erweiterung der Kultursoziologie darin, daß

Kultur, genauer gesagt: die *legitime Kultur* einer Klassengesellschaft, »ein Herrschaftsprodukt ist, dazu bestimmt, Herrschaft auszudrücken und zu legitimieren« (FU 359). Gegen die »Illusion des ›kulturellen‹ (oder sprachlichen) ›Kommunismus‹« (SF 11), derzufolge das kulturelle Erbe einer jeden Gesellschaft allen Mitgliedern gleichermaßen zugänglich ist, insistiert Bourdieu auf der Ungleichheit *konstituierenden* und – was uns hier primär interessiert – *legitimierenden* Funktion von Kultur.

Der Zusammenhang zwischen sozialer Ungleichheit und Kultur gründet zum einen darin, daß kulturelles Kapital, wie ausgeführt, zwischen den sozialen Klassen ungleich verteilt ist und somit objektive Ungleichheitsrelationen mitkonstituiert. Entgegen der »Illusion der Chancengleichheit« trägt das Bildungssystem zur Perpetuierung dieser Ungleichverteilung dadurch bei, daß es, statistisch gesehen, die Laufbahn der Kinder und Jugendlichen begünstigt, die mit einem schon in der Familie erworbenen Kulturkapital in den Wettlauf um Bildungstitel eintreten. (Vgl. IdCh, TuS, TsG) Darüber hinaus existiert zum zweiten eine mit Kulturkapital verbundene spezifisch *symbolische* Macht, die, sich in Lebensstilen manifestierend, zur Anerkennung und *Legitimierung der sozialen Klassenverhältnisse* schlechthin beiträgt. Wie geschieht dies?

Bourdieu zufolge vollziehen sich gesellschaftliche Legitimationsprozesse nicht, wie üblicherweise unterstellt, (ausschließlich) im Modus einer expliziten, politisch motivierten und diskursiv artikulierten Propaganda. Vielmehr handelt es sich dabei um alltägliche, stillschweigend und unbemerkt stattfindende Vorgänge. Allgemein gesehen, wird eine Macht dann anerkannt, wenn diese in der Lage ist, mit ihr verbundene Symbole (d. h. Zeichen, Wörter, Distinktionsmerkmale, Diskurse usw.) als legitime durchzusetzen. Symbolische Macht vollzieht sich also »nicht auf der Ebene physischer Stärke, sondern auf der des Sinns und der Erkenntnis« (SuG 42).

Das bedeutet nun freilich nicht, wie das Alltagsverständnis des Symbolbegriffs nahelegt, daß symbolische Macht eine unverbindliche Form von Macht wäre, eine Macht, die »nicht wirklich« ist, die etwas »bloß« repräsentiert, ohne reale Wirksamkeit erzielen zu können. Tatsächlich handelt es sich um eine ganz und gar reale Macht, die immer in einem mehr oder minder engen Zusammenhang mit objektiven Macht- und Kräfteverhältnissen steht. Mit der Durchsetzung einer symbolischen Macht konstituieren sich Sinn- und Bedeutungsverhältnisse, welche die objektiven Kräfte- und Machtverhältnisse reproduzieren oder, im Falle symbolischer Subversion, transformieren. Denn durch symbolische Strategien bzw. durch Strategien der Veränderung der symbolischen Ordnung kann auch die objektive Macht- und Kräfteordnung verändert werden. Dies setzt allerdings einen Bruch mit der eingelebten Alltagswahrnehmung und der legitimen Anerkennung der sozialen Welt voraus.

An dieser Stelle interessieren uns aber lediglich diejenigen Fälle, bei denen die symbolischen Verhältnisse als selbstverständliche, als vollkommen natürliche wahrgenommen und zugleich die ihnen zugrundeliegenden Macht- und Kapitalrelationen anerkannt, mithin in ihrer Willkür verkannt werden. Diese alltägliche Anerkennung der sozialen Welt als selbstverständlich gegebene beruht, wie wir im dritten Kapitel gesehen haben, auf der Abgestimmtheit der Habitusformen auf die sozialen Strukturen. Bezogen auf das Beispiel der Lebensstile bedeutet dies, daß mit der alltäglichen Wahrnehmung der Ordnung differentieller Lebensstile als selbstverständlich gegebene Ordnung die soziale Welt als evident und unveränderbar erlebt und (an)erkannt wird.

Sobald die mit einem spezifischen Lebensstil verbundenen Objekte und Praktiken des kulturellen Konsums als »standesgemäß«, d.h. als zu den jeweiligen sozialen Klassen und Gruppen auf gleichsam natürliche Weise passend, bewertet werden, vollzieht sich eine Anerkennung der den Lebensstilen zugrundeliegenden ungleichen Verteilung von Ressourcen und Kompetenzen. So, wenn beispielsweise die unteren Klassen die in einem »distinguierten« Lebensstil zum Ausdruck kommende Affinität zur legitimen Kultur und Sprache, zu verfeinerten Eß- und Kleidungsgewohnheiten, zu prestigeträchtigen Sportarten und Konsumgütern usw. in einem Atemzug für sich selbst ablehnen (»Das ist nichts für uns«) und dennoch – als den »feinen Leuten« legitimerweise zustehend – anerkennen. Die andere Seite dieses Prozesses besteht in der Aufrechterhaltung ihrer – im Grunde stets von Entwertung bedrohten – Stellung im Raum der Lebensstile, durch welche sich die »distinguierten« Gruppen und Klassen alltäglich die höheren kulturellen und gesellschaftlichen Weihen erteilen:

»Die Negation des niederen, groben, vulgären, wohlfeilen, sklavischen, mit einem Wort: natürlichen Genusses, diese Negation, in der sich das Heilige der Kultur verdichtet, beinhaltet zugleich die Affirmation der Überlegenheit derjenigen, die sich sublimierte, raffinierte, interesselose, zweckfreie, distinguierte, dem Profanen auf ewig untersagte Vergnügen zu verschaffen wissen. Dies der Grund, warum Kunst und Kunstkonsum sich – ganz unabhängig vom Willen und Wissen der Beteiligten – so glänzend eignen zur Erfüllung einer gesellschaftlichen Funktion der Legitimierung sozialer Unterschiede.« (FU 27)

Eine für Bourdieus Klassenkonzeption wichtige Unterscheidung, die mit der weitgehend statischen Perspektive des Raummodells zusammenhängt, muß zu guter Letzt noch thematisiert werden.

Bei den Klassen innerhalb des sozialen Raumes handelt es sich, wie Bourdieu unermüdlich betont, um »theoretische« (SRuK 9), konstruierte Klassen, um »Klassen auf dem Papier« (RuA 140), die nicht mit politisch mobilisierten Klassen identifiziert werden dürfen. Die »Klassen auf dem Papier« sind objektiv in dem Sinne, daß sie vom Wissenschaftler aus der Beobachterperspektive unter Zugrundelegung eines theoretischen Klassifikationsschemas konstruiert wurden. In dieser Hinsicht haben Bourdieus Klassen mehr mit den Klassen der Zoologen und Botaniker gemein als mit den Klassen im Verständnis von Karl Marx.

In Bourdieus Unterscheidung von *objektiver* und *mobilisierter* Klasse (vgl. auch FU 175, Anm.) kommt zum einen das konstruktivistische Methodenbewußtsein seines strukturalistischen Ansatzes zum Ausdruck, der sich der relativen Willkür – vom jeweiligen Erkenntnisinteresse abhängiger – theoretischer Klassifikationen bewußt ist und folglich nicht den Anspruch erheben kann, die theoretisch einzig mögliche Konstruktion sozialer Klassen bieten zu wollen. So kann es in manchen Forschungszusammenhängen sinnvoll sein, soziale Klassen entlang anderer Kriterien zu konstruieren, beispielsweise entlang ethnischer, nationaler, religiöser oder nach Geschlechtszugehörigkeit. (Vgl. RuA 145 f.)

Dies ist jedoch nur ein Aspekt, den es im Rahmen konstruktivistischer Überlegungen zu berücksichtigen gilt. Hinzu kommt, daß die sozialen Akteure selbst permanent ihre Wirklichkeit (und deren Wahrnehmung) per Habitus konstruieren. Das bedeutet für die sozialen Klassen, daß nicht nur vom Wissenschaftler im Zuge sozialwissenschaftlicher Analyse theoretische Klassen gebildet werden können, sondern daß zudem in der alltäglichen sozialen Praxis im Zuge politischer Benennungs- und Mobilisierungsprozesse permanent »soziale Klassen« konstruiert werden – auch wenn sie nicht immer als »Klassen« bezeichnet werden; manchmal heißen sie »Volk«, »Partei«, »Gruppe«, »soziale Bewegung« usw. Die theoretische Konsequenz hieraus lautet: »Die Soziologie muß eine Soziologie der Perzeption der sozialen Welt umfassen, das heißt eine Soziologie der Konstruktion der unterschiedlichen Weltsichten, die selbst zur Konstruktion dieser Welt beitragen.« (RuA 143)

Auf die Notwendigkeit der systematischen Vergegenwärtigung dieses zweiseitigen Konstruktionsprozesses, nämlich der alltäglichen Konstruktionen der Akteure und der theoretischen Konstruktionen der Wissenschaftler, weist Bourdieu hin, wenn er für seine Analysen die Bezeichnung *strukturalistischer Konstruktivismus* bzw. *konstruktivistischer Strukturalismus* verwendet. (RuA 135; vgl. auch Hoac 13) Die Soziologie der Perzeption, welche mit den klassenspezifischen Wahrnehmungsformen die subjektiven Konstruktionen in das objektivistische Klassenkonzept wiedereinführt, ist wesentlich Bestandteil der Habitustheorie, die in diesem Zusammenhang als Theorie der Genese von (impliziten) Wahrnehmungs- und Klassifikationsformen zu verstehen ist.

Doch bleiben wir bei der praktischen Konstruktion sozialer Klassen durch politische Benennungs- und Mobilisierungsprozesse. Damit betreten wir – und dies ist der zweite Theoriekomplex, bei dem Perzeptionen eine entscheidende Rolle spielen – das Gebiet der Politischen Soziologie.[71] Die Frage, ob es Klassen im Sinne von effektiv handelnden Gruppen gibt, ist für Bourdieu eine empirische Frage, die im Rahmen einer Analyse politischer Mobilisierungsprozesse beantwortet werden muß.

Ein Beispiel dafür, wie eine soziale Klasse als politische Gruppe konstituiert werden kann, ist die politische Demonstration. Bei ihr bekommt eine soziale Gruppe zuerst einmal einen »Namen«, sie wird öffentlich gemacht: Auch dies ein Akt symbolischer Macht, die sich hier als »Macht, Dinge mit Wörtern zu schaffen« (RuA 153) manifestiert. Dadurch wird eine Klasse, die bislang nur »Wille und Vorstellung« (SRuK 37) war, Ding und Erscheinung, d. h., sie erlangt politische – und nicht bloß theoretische – Existenz. Erst durch Prozesse dieser Art, durch Demonstrationen, Kundgebungen, Parteitage, Streiks usw., konstituieren sich soziale »Klassen« als politisch wahrnehmbare und handlungsfähige Gruppierungen.

Mit den Überlegungen zur politischen Repräsentationsarbeit, die durch eine Analyse der Logik der politischen Delegation (vgl. RuA 174-192) zu ergänzen wären, wird die statische Perspektive des Sozialraum-Modells überschritten und wieder eine historisch-dynamische Perspektive in die Klassentheorie eingeführt. Darüber hinaus relativiert die analytische Berücksichtigung symbolischer Strategien der politischen Subversion und Delegitimierung (wie erfolgreich diese im einzelnen auch immer sein mögen) die vom Raum-Modell sozialer Klassen bisweilen evozierte Vorstellung einer unumstößlichen Reproduktion und einer sich gegen Kritik immunisierenden Legitimation der Klassenverhältnisse.

Der Übergang von einer theoretischen zu einer politisch konstruierten Klasse ist, wenn er denn stattfindet, kein notwendiger und zwangsläufiger (wie im bewußtseinsphilosophischen Marxschen Modell des Übergangs von der »Klasse an sich« zur »Klasse für sich« unterstellt). Gleichwohl sind im Normalfall die Chancen des politischen Zusammenschlusses von Akteuren, die sich im Sozialraum nahestehen, größer als die des Zusammenschlusses von an entfernten Positionen angesiedelten Akteuren. Aus diesem Grund bezeichnet Bourdieu die theoretischen Klassen seines Modells auch als »wahrscheinliche Klassen« (SRuK 12). In jedem Fall kommen bei der Mobilisierung von Klassen, der symbolischen Repräsentation und politischen Delegation Faktoren zum Tragen, die einer eigenständigen, über das objektive Klassenmodell hinausweisenden Analyse bedürfen.

Nachdem damit der Weg angedeutet ist, den eine Analyse des Übergangs von theoretischen zu mobilisierten Klassen zu beschreiten hätte, können wir abschließend Bourdieus Klassentheorie im Hinblick auf die in ihr angelegte theoretische und methodologische Programmatik resümieren. (Vgl. SRuK 9)

1. Bourdieu unterscheidet zwischen den vom Soziologen *theoretisch konstruierbaren* Klassen einerseits und den *real mobilisierten und politisch kämpfenden* Gruppen und Klassen andererseits. 2. Als Kriterium zur *theoretischen* Abgrenzung der Klassen gilt Bourdieu nicht ausschließlich die Verfügungsmacht über materielles Eigentum, sondern ebenso über das kulturelle Kapital. Auch die mit einer Klassenlage verbundenen »ständischen« Lebensstile und die sie generierenden spezifischen Habitusformen sind integrierender Bestandteil von Bourdieus Analyse gesellschaftlicher Klassenverhältnisse. 3. Des weiteren werden die *symbolischen* Kämpfe thematisiert, in denen die Klassen repräsentiert, d. h. öffentlich gemacht und als politische Gruppierung konstituiert werden. 4. Schließlich ist, methodologisch gesprochen, Bourdieus Klassentheorie durch ein relationales – im Unterschied zu einem substantialistischen – Verständnis der sozialen Klassen gekennzeichnet. Diesem zufolge verdanken die sozialen Klassen ihre soziologisch wesentlichen Eigenschaften nicht bestimmten substantiellen und unveränderlichen Merkmalen, sondern ihrer *relationalen* Stellung zu den anderen Klassen innerhalb der Struktur des sozialen Raumes.

Eine der sozialen Klassen innerhalb des sozialen Raumes wollen wir im folgenden Kapitel näher betrachten, nämlich die Künstler, Schriftsteller und Wissenschaftler, kurz: die Klasse der Intellektuellen, die ein wiederum relativ autonomes und in sich vielfach differenziertes Feld darstellt.

6. Der Intellektuelle Pierre Bourdieu und die Soziologie der Intellektuellen

Der Soziologie der Intellektuellen kommt, wie schon mehrfach angeklungen ist, im Rahmen der Bourdieuschen Soziologie eine maßgebliche Bedeutung zu. Mit ihr verbunden ist eine vielschichtige, sich in verschiedenen Forschungszusammenhängen niederschlagende Problematik, die wir hier auf vier Ebenen skizzieren wollen: 1. auf einer sozialstrukturellen, 2. auf einer sozialhistorischen, 3. auf einer politisch-normativen und 4. auf einer erkenntnistheoretischen. Unter »Intellektuellen« verstehen wir dabei vorläufig, in einem allgemeinen und soziologisch deskriptiven Sinne, alle über eine gewisse professionelle Kompetenz verfügenden wissenschaftlichen, schriftstellerischen und künstlerischen Geistesarbeiter. Weiter unten werden wir dann Bourdieus enger gefaßten, ins Politische gewendeten Begriff des Intellektuellen erläutern, wie er ihn seit etwa Mitte der achtziger Jahre aus seinen Untersuchungen zur Genese und Struktur des intellektuellen Feldes entwickelt hat.

1. Sozialstrukturell betrachtet, nehmen auch die sich nicht selten frei dünkenden und vermeintlich voraussetzungslos agierenden Intellektuellen eine spezifische Position innerhalb des Feldes der sozialen Klassen ein, und zwar eine zwiespältige Position. Bourdieu rechnet die Intellektuellen, entgegen ihrem gängigen Selbstverständnis, zur herrschenden Klasse. Eine (im Vergleich zu den Mittel- und Volksklassen) dominierende Klasse ist sie dadurch, daß ihre Mitglieder als Kulturkapitalbesitzer über relativ seltene

und ungleich verteilte kulturelle Machtmittel und Kompetenzen verfügen. Innerhalb der herrschenden Klasse, d.h. innerhalb des Machtfeldes, stellen die Intellektuellen jedoch – aufgrund der tendenziellen Dominanz des ökonomischen Kapitals – die beherrschte Fraktion bzw. den dominierten Pol des Feldes dar. Die Vorherrschaft der über ökonomisches Kapital verfügenden Besitzklassen ist jedoch keine absolute, vielmehr befinden sich die Intellektuellen mit ihnen in einem ständigen Kampf »um die Durchsetzung der spezifischen Machtform, über die sie verfügen, als herrschende« (SuG 30). Zwischen Intellektuellen und Besitzklassen findet mithin ein Kampf um die Definition der letztendlich legitimen Form von Herrschaft – kulturelle oder ökonomische Herrschaft – statt. Bourdieu zufolge bedeutet dies, daß Sartres Vorstellung »vom freien Intellektuellen, vom Intellektuellen als dem Widersacher jedweder Macht«, soziologisch betrachtet, einen »Mythos« (MdM 41) darstellt, den zu entzaubern die Kapitaltheorie angehalten ist.[72]

Aus ihrer widersprüchlichen Stellung als beherrschte Fraktion der herrschenden Klasse erklärt sich auch die ambivalente Beziehung, welche die Intellektuellen zu den schlechthin Beherrschten (das waren klassischerweise die Arbeiterklassen, und das sind heute die deklassierten Randgruppen der Armen, Dauerarbeitslosen, Asylanten, Obdachlosen) haben. Die sozialstrukturell zwiespältige Position der Intellektuellen hat zu mancher Selbsttäuschung in denjenigen politischen Auseinandersetzungen geführt, bei denen sie als Wortführer der Beherrschten aufgetreten sind. Zwar führt die Homologie der Positionen, welche die Intellektuellen als Beherrschte innerhalb des Feldes der Macht und die Arbeiter bzw. marginalisierten Gruppen als Beherrschte innerhalb des Feldes der sozialen Klassen einnehmen, dazu, daß sie auch gemeinsame Interessen haben können, die aus ihrer ähnlich oppositionellen Stellung in bezug auf die Besitzklassen resultieren. Dennoch haben auch die Intellektuellen zuallererst einmal ureigene Interessen (vgl. AaE 399 f.), nämlich solche, die mit ihrer Teilnahme an den Feldern der kulturellen Produktion verbunden sind – Interessen beispielsweise an der Akkumulation kulturellen und symbolischen Kapitals, an der Formulierung wissenschaftlicher Erkenntnisse u.a.m. Und diese Interessen decken sich keineswegs mit den Interessen derjenigen Klassen oder Gruppen, denen sie sich bisweilen als Wortführer andienen.

Gleich den übrigen sozialen Klassen hat also auch die der Intellektuellen im strukturierten Raum sozialer Positionen und Lebensstile eine spezifische, relational zu denkende Stellung inne. Das bedeutet, daß wesentliche Merkmale der Intellektuellen, als Klasse betrachtet, aus ihrer objektiven Beziehung zu den übrigen Klassen innerhalb der Gesellschaft resultieren. Damit wendet sich Bourdieu gegen einen weiteren Topos der tradierten Intellektuellensoziologie, nämlich gegen die Vorstellung, es könnte so etwas wie die »relativ klassenlose Schicht« einer »sozial freischwebenden Intelligenz« (Karl Mannheim)[73] geben. Mit der Kritik dieser Vorstellung werden die Intellektuellen auf den gesellschaftlichen Boden zurückversetzt und in die Struktur sozialer Positionen eingegliedert.

Doch damit nicht genug. Die Soziologie der kulturellen Produktion weist nach, daß – über die sozialstrukturelle Positionierung der Intellektuellen im Feld sozialer Klassen hinaus – auch in den relativ autonomen Feldern der wissenschaftlichen, literarischen und künstlerischen Produktion bestimmte (äußere und habitusbedingte) Zwänge herrschen, welche die jeweiligen »geistigen« Produkte beeinflussen. Daß und in welchem Maße dies auch für Bourdieu selbst gilt, haben wir im ersten Kapitel zu zeigen versucht: Die spezifische Ausrichtung seiner wissenschaftlichen Analysen und theoretischen Konzepte beruht zu einem wesentlichen Teil auf seiner feldstrukturspezifischen, d.h. sozialen und intellektuellen Beziehung zu den theoretischen Gegnern, mit denen er sich auseinandersetzt. Kurzum, wie jeder Wissenschaftler, Künstler oder Schriftsteller ist auch der Soziologe sozialstrukturell gebunden, und dies in *doppelter* Hinsicht: als Akteur innerhalb der Auseinandersetzungen des Feldes der sozialen Klassen (siehe Kapitel 5) und als Wissenschaftler innerhalb der relativ autonomen intellektuellen Felder, verstanden als Felder der kulturellen Produktion.

Die Analyse dieser Felder – die charakterisiert sind durch ihre Kräfteverhältnisse (Häretiker vs. Vertreter der Orthodoxie), durch spezifische Einsätze, Interessen und (symbolische) Profitmöglichkeiten (vgl. RuA 155 ff.) – stellt ein recht komplexes Forschungsvorhaben dar, das Bourdieu in verschiedenen Untersuchungen realisiert hat. Einen ersten kleinen Ausschnitt haben wir mit der Darstellung von Bourdieus Interpretation der Struktur und der Entwicklung des soziologischen Feldes im ersten Kapitel thematisiert. Als weitere Analysen zur Soziologie der kulturellen Produktion wurden dort erwähnt: die Untersuchungen zur universitären Welt (vgl. Hoac) und die Analyse der historischen Bedingungen der Entstehung eines autonomen literarischen und künstlerischen Feldes (vgl. Rda[74]). In engem Zusammenhang mit der Ausdifferenzierung von autonomen Feldern der Produktion symbolisch-kultureller Güter steht auch – und damit kommen wir zur sozialgeschichtlichen Ebene – die Genese der historisch neuen Figur des modernen Intellektuellen, und zwar des Intellektuellen nicht mehr in einem bloß sozialstrukturellen, sondern zugleich in einem politischen Sinne.

2. Um diesen spezifischen Typus des Intellektuellen bestimmen und Bourdieus Begründung der ihm zukommenden politischen Aufgaben in der modernen Gesellschaft nachvollziehen zu können, empfiehlt sich ein kleiner Exkurs in die Sozialgeschichte der

Intellektuellen. (Zum folgenden siehe IuM 42 ff.; Rda 461 ff.) Als Leitfaden zur Strukturierung des Entstehungsprozesses, in dessen Verlauf sich der Typus des modernen Intellektuellen herauskristallisiert hat, dient dabei die Frage nach der grundsätzlichen Haltung, die Philosophen, Künstler und Wissenschaftler gegenüber der Politik eingenommen haben.

Die historisch-soziologische Analyse zeigt, daß die verschiedenen Grundeinstellungen zur Politik, hier analysiert am Beispiel Frankreichs, historisch zwischen politischem Engagement und Rückzug in den Elfenbeinturm schwankten: So war beispielsweise die Haltung der »philosophes« [75] des Aufklärungszeitalters – exemplarisch sei Voltaire (1694-1778) genannt – gekennzeichnet durch das Streben nach politischer Einflußnahme, das im Aufgeklärten Absolutismus seinen ersten Niederschlag fand und in der Mitwirkung der »hommes de lettres« an der Französischen Revolution gipfelte. Korrespondierend zur nachrevolutionären Restaurationszeit, in der die kritischen Literaten und Philosophen für die Bluttaten der revolutionären Schreckensherrschaft mitverantwortlich gemacht wurden, war die frühe Romantik seit den zwanziger Jahren des 19. Jahrhunderts als Gegenbewegung zur Aufklärung durch einen Rückzug der Schriftsteller von der Politik gekennzeichnet. Auf rationaler Erkenntnis beruhende politische Einflußnahme wurde als Anmaßung abgelehnt, Empfindsamkeit und Religion etablierten sich als zentrale Themen des intellektuellen Interesses. In dem Augenblick jedoch, in dem ihre Autonomie als Autoren durch reaktionäre Politik bedroht war, entdeckten Wissenschaftler, Philosophen und selbst manche Romantiker – man denke an Victor Hugo (1802-1885) – die von ihnen bislang abgelehnte Funktion des Propheten, wie sie schon für die Aufklärungsphilosophen charakteristisch gewesen war, wieder und wandelten sich zu Sozialkritikern. Doch schon bald nach dem Scheitern der Revolution von 1848 und der Restauration des Kaiserreiches kam es zur Ernüchterung, die ein erneutes Umschwenken der politischen Grundeinstellungen der Literaten bewirkte. Die Autonomie wurde künstlerisch nun in Form des L'art pour l'art geltend gemacht, deren Protagonisten – exemplarisch Gustave Flaubert (1821-1880) – sich sowohl von der »sozial engagierten« als auch von der »bürgerlichen«, den Normen und Konventionen der mondänen Kreise angepaßten Kunst distanzierten. Mit dem L'art pour l'art gingen die Ablehnung symbolischer Einflußnahme auf die Gesellschaft und ein Rückzug in den sogenannten Elfenbeinturm einher.

Im Laufe dieser wechselvollen Geschichte, in der eine symbolische Revolution – verstanden als Umsturz der intellektuellen Kräfteverhältnisse – auf die andere folgte, hat sich Zug um Zug die Autonomie des literarischen, künstlerischen und wissenschaftlichen Feldes institutionalisiert. Gegen Ende des 19. Jahrhunderts war diese Autonomie dann soweit gefestigt, daß sie eine modifizierte Haltung der Künstler, Literaten und Wissenschaftler bezüglich kultureller Produktion auf der einen und politischer Intervention auf der anderen Seite erlaubte. Der strikte Gegensatz von autonomer Kulturproduktion und politischem Engagement ist überwunden, denn »die autonomsten Akteure dieser autonomen Felder [gelangen] zu der Einsicht, daß die Autonomie mit der Ablehnung der Politik nicht identisch ist und daß sie sehr wohl als Künstler, Schriftsteller und Wissenschaftler in das politische Feld intervenieren können« (IuM 44) – und zwar ohne dabei ihre intellektuelle Autonomie preiszugeben. Bei diesen Interventionen machen sie sich das spezifisch symbolische Kapital an gesellschaftlicher Anerkennung, das sie als Künstler, Schriftsteller und Wissenschaftler akkumulieren konnten, zunutze, um es in den Dienst einer symbolischen, d.h. politischen Aktion zu stellen. Die historisch paradigmatische Figur dieses neuen Typus des Intellektuellen ist Emile Zola (1840-1902), der anläßlich der Dreyfus-Affäre seine Reputation und moralische Integrität als Schriftsteller zur Parteinahme für den zu Unrecht verurteilten jüdischen Hauptmann Dreyfus einsetzte (*J'accuse*, 1898). Zu dieser Zeit entsteht auch der Begriff »Intellektueller«, der, ursprünglich von den Gegnern der engagierten Literaten als politisches Schmähwort in die Welt gesetzt, von den Intellektuellen selbstbewußt aufgegriffen und im Laufe der Zeit semantisch positiv besetzt wird.

Mit der im Vergleich zu den vorangegangenen Perioden relativ stabilen Institutionalisierung der Autonomie des Feldes gegen Ende des 19. Jahrhunderts wird also die rigorose Ablehnung politischer Einflußnahme, die historisch zur Erringung der Autonomie des Feldes der kulturellen Produktion zeitweise notwendig war, in gewisser Weise obsolet. Der Typus des modernen Intellektuellen betritt die Bühne und mit ihm ein neuer Typus politischer Intervention. Bourdieu kennzeichnet diese als »antipolitische Politik«, als »*Politik der Reinheit* [...], die die vollkommene Antithese zur Staatsraison bildet« (IuM 45). Ganz allgemein betrachtet, versucht diese Art von politischer Intervention durch »Umkehrung der Wertetafel« (IuM 45) die generelle Vorherrschaft von »bürgerlichen« Zwecken und Werten wie Geld, Kommerz, weltliches Machtstreben und Nationalismus zu durchbrechen. Unter Berufung auf einen ethischen und wissenschaftlichen Universalismus sollen die im Universum der Intellektuellen gültigen Werte der Uneigennützigkeit, der ethischen Reinheit, der Wahrheit usw. als allgemeinverbindlich, somit auch für Politik und Alltag gültig, durchgesetzt werden.

In der Formulierung von der »antipolitischen Politik« klingt zugleich die Paradoxie der Stellung an, in der sich der moderne, kritische Intellektuelle bezüglich autonomer Kulturproduktion und Politik befindet. Es verhält sich nämlich so, daß der Intellektuelle seit Ende des 19. Jahrhunderts die Möglichkeit hat, unbeschadet der Autonomie von Wissenschaft und Kunst, seine Reputation und seine wissenschaftliche oder künstlerische Kompetenz bei bestimmten Problemstellungen auf dem Felde der Politik einzusetzen. Zitieren wir hierzu, den kleinen historischen Exkurs abschließend, Bourdieu:

»Der Intellektuelle ist ein *bi-dimensionales* Wesen. Um den Namen Intellektueller zu verdienen, muß ein Kulturproduzent zwei Voraussetzungen erfüllen: zum einen muß er einer intellektuell autonomen, d.h. von religiösen, politischen, ökonomischen usf. Mächten unabhängigen Welt (einem Feld) angehören und deren besondere Gesetze respektieren; zum anderen muß er in eine politische Aktion, die in jedem Fall außerhalb des intellektuellen Feldes im engeren Sinn stattfindet, seine spezifische Kompetenz und Autorität einbringen, die er innerhalb des intellektuellen Feldes erworben hat.« (IuM 42)

3. Das Bemerkenswerte an dieser, wie wir gesehen haben, historisch-soziologisch hergeleiteten »Definition« des Intellektuellen besteht nun darin, daß sie in engem Zusammenhang mit einer »normativen Stellungnahme« (Rda 461) steht und auch von dieser her begriffen werden muß. Im Rahmen der Soziologie Bourdieus ist eine derartige Stellungnahme – zumindest auf diese Art, d.h. im unmittelbaren Kontext der *wissenschaftlichen* Analysen zum literarischen Feld formuliert, ja geradezu als Schlußfolgerung aus denselben präsentiert – recht ungewöhnlich und erst in den jüngeren Publikationen, etwa seit Mitte der achtziger Jahre, anzutreffen. Interessant ist dies nicht zuletzt deshalb, weil er sich als Soziologe ansonsten klar und eindeutig dagegen wendet, deskriptive und präskriptive Aussagen zu vermischen. (Vgl. SF 39; SaB 27) Bei der obigen »Definition« handelt es sich aber offensichtlich um eine aus der historischen Tatsachenbeschreibung entwickelte normative Bestimmung, in der Bedingungen angege-

ben werden (Zugehörigkeit zu einem autonomen Feld, politische Aktion außerhalb dieses Feldes), die Wissenschaftler, Künstler und Schriftsteller idealerweise erfüllen sollen, um den Namen »Intellektueller« zu »verdienen«, ihn also legitimerweise beanspruchen zu dürfen.

Demgegenüber hätte jedoch eine genuin soziologische Analyse herauszustellen – und Bourdieu tut dies zumindest an anderen Stellen seines Werkes –, daß die Frage, »wer Intellektueller und wer es nicht ist, wer die ›wahren‹ Intellektuellen sind, die das Wesen des Intellektuellen wirklich realisieren«, eine Frage ist, »die in der Realität selbst noch unentschieden ist« (RuA 159). Es gibt also nicht nur, wie dargelegt, in historisch-genetischer Perspektive, sondern auch bei synchron-struktureller Betrachtung der gegenwärtigen Gesellschaften verschiedene Konzeptionen, Definitionen und Zielvorstellungen vom Intellektuellen, die miteinander konfligieren. Wie schon ein kurzer Blick in die Literatur über Intellektuelle lehrt, existieren fast ebenso viele Definitionen vom Intellektuellen wie Autoren, die (implizit oder explizit) beanspruchen, ein solcher zu sein.[76] Freilich geht es bei den Begründungen dieser verschiedenen »Definitionen« nicht bloß um das wissenschaftlich bessere Konzept, sondern zugleich um die Durchsetzung der damit verbundenen Vorstellung von den politischen Aufgaben des Intellektuellen. Kurz, es geht jeweils um die legitime Durchsetzung einer bestimmten Konzeption des Intellektuellen als der intellektuell, d.h. wissenschaftlich wie politisch, letztendlich gültigen.

Diese Vielfalt der gegenwärtigen Intellektuellenkonzeptionen unterschlagen und die dahinterstehende Debatte mit einer einzigen (partiellen) Definition voreilig, auf theoretisch-diktatorische Weise entscheiden zu wollen heißt, dem soziologischen Anspruch auf umfassende Objektivierung nicht gerecht zu werden. Eine vollständige Objektivierung des Feldes der verschiedenen

Intellektuellenkonzeptionen (in Analogie zu der Objektivierung, die Bourdieu auf exemplarische Weise im *Homo academicus* geliefert hat) müßte auch die zeitgenössischen Gegentypen zum Bourdieuschen »Intellektuellen« sowie die strukturelle Beziehung aller Typen analysieren. Wir wollen hier den Weg, den eine solche Objektivierung zu beschreiten hätte, wenigstens andeutungsweise skizzieren. Dabei können wir uns auf Analysen stützen, die Bourdieu anderenorts durchgeführt hat.

Den soziologisch wichtigsten und gesellschaftlich mächtigsten Gegentypus zu Bourdieus politisch-kritischem Intellektuellen, wie er weiter oben bestimmt wurde, stellt der Experte oder Techniker dar, der seine symbolischen Leistungen und seine intellektuelle Kompetenz den (ökonomisch und/oder politisch) Herrschenden zur Verfügung stellt. (Vgl. RuA 161) Diese Technokraten, Mitglieder des von Bourdieu so genannten Staatsadels (vgl. NE) und »eher Meister des Handelns als Meister der Reflexion« (MdM 15), sind nicht nur ein Gegentypus zum kritischen Intellektuellen, sondern zugleich die Fraktion innerhalb der Intelligenz, deren Mitglieder systematisch an der Untergrabung der Autonomie des intellektuellen Feldes mitarbeiten, indem sie die Kriterien der Effizienz und Wirtschaftlichkeit von außen an es herantragen. Selbst über begehrte Hochschulabschlüsse und ein entsprechend legitimes Kulturkapital verfügend, üben diese – in Frankreich von den verschiedenen ingenieur-, wirtschafts-, rechts-, politik- und verwaltungswissenschaftlichen Grandes Écoles hervorgebrachten – »neuen Mandarine« (IuM 59) nicht allein ökonomische, administrative und politische Macht im Namen ihres Hochschultitels aus; darüber hinaus beanspruchen sie eine intellektuelle Meinungsführerschaft, die ihnen auch von den Massenmedien tatsächlich nicht selten gewährt wird. Denkt man an die Homologie zwischen dem intellektuellen und dem politischen Feld, so kann man diese Technokraten als die »rechte«

Intelligenz der Gegenwart bezeichnen (womit keineswegs gesagt sein soll, daß nicht auch die politische »Linke« ihre Technokraten hätte).

Am anderen, am »linken« Pol des intellektuellen Feldes lassen sich ebenfalls alternative Konzeptionen zu Bourdieus Typus des Intellektuellen ausmachen. Zuerst ist der klassische Linksintellektuelle zu nennen, der beansprucht, als Repräsentant einer universellen Wahrheit und Gerechtigkeit, kraft seiner bloßen Intellektualität zu allen politischen Streitfragen kompetent Stellung beziehen und als Vertreter allgemeiner Interessen der Menschheit (Beseitigung von »Entfremdung« und »Ausbeutung«) politisch intervenieren zu können. Damit verbunden ist die Parteinahme für das über alles Partikulare hinausweisende Subjekt der Geschichte, das zumeist im »Proletariat« erblickt wurde und als dessen »Weggefährte« (A. Gramsci) sich der Intellektuelle verstand. Dieser Typus des universellen Intellektuellen wurde im Nachkriegsfrankreich paradigmatisch durch Jean-Paul Sartre[77] verkörpert, an dessen Vorbild sich das Selbstverständnis mancher Linksintellektueller auch heute noch orientiert.

Gegen dieses Konzept des Intellektuellen als eines Vertreters der Universalität hat Foucault[78] den historischen Typus des »spezifischen« Intellektuellen herausgestellt, der universalistischen Ambitionen abgeschworen hat und seine politischen Interventionen auf solche Problembereiche begrenzt, bei denen er seine spezifische Kompetenz als Forscher bzw. Praktiker einbringen kann. Foucault führt damit die Genealogie des Intellektuellen, die für Bourdieu (wie übrigens schon für Sartre) mit Zola und der Dreyfus-Affäre in ihrer Grundkonstellation abgeschlossen ist, in die Nachkriegszeit hinein weiter. In dieser Zeit hat sich eine veränderte Auffassung vom Verhältnis zwischen Theorie und Praxis durchgesetzt, die auch das Selbstverständnis der Intellektuellen nicht unberührt lassen konnte. Zu den »spezifischen« Intellektuellen rechnet Foucault solche Akademiker (Biologen, Physiker, Richter, Psychiater, Ärzte, Sozialarbeiter, Soziologen, Genetiker, Informatiker, Pharmakologen usw.), die aus einem politischen Verantwortungsgefühl heraus ihr spezifisches und damit *lokales* Wissen in den Dienst politischer Kämpfe stellen, die im Umkreis ihrer Praxisfelder ausgetragen werden. Auch Foucault selbst hat seine politischen Interventionen als Intellektueller vorwiegend – wenn auch nicht ausschließlich – auf solche Problembereiche gerichtet, über die er historisch-philosophisch gearbeitet hatte, wie zum Beispiel Gefängnis, Strafvollzug, Justiz- und Polizeiapparat, Psychiatrie usw.

Soweit, ohne Anspruch auf Vollständigkeit, die kurze Skizze der, wie mir scheint, wichtigsten aktuellen Gegenkonzeptionen zu Bourdieus Intellektuellentypus, die von einer weiterführenden soziologischen Objektivierung zu berücksichtigen wären. Erwähnenswert ist in diesem Zusammenhang, daß die Gegensätze innerhalb des Spektrums der kritischen Intellektuellen mehr das jeweilige theoretische Selbstverständnis denn die konkrete politische Praxis betreffen. Es hat nämlich, trotz des unterschiedlichen intellektuellen Selbstverständnisses, gemeinsame politische Aktionen von Sartre und Foucault ebenso wie von Foucault und Bourdieu[79] gegeben. Auf der konzeptuellen Ebene strebt Bourdieu dennoch – wir erinnern uns an seinen unermüdlichen Willen zur Überwindung von Gegensätzen (siehe Kapitel 2) – eine Synthese zwischen Sartres Entwurf eines universellen und Foucaults Entwurf eines spezifischen Intellektuellen an (IuM 61), indem er Universalität der ethisch-politischen Ansprüche mit spezifischer Kompetenz zusammenzubringen versucht. Die Frage, ob dies ohne Ungereimtheiten möglich ist, wird uns noch beschäftigen.

Doch kommen wir nach dieser kurzen Konfrontation mit alternativen Ansätzen zu Bourdieus eigener Konzeption und deren politischen Implikationen zurück. Bei seiner weiter oben zitierten »Definition« handelt es sich, wie die vorgenommene Kontrastierung verdeutlichen sollte, nicht um eine umfassende begriffliche Objektivierung aller Intellektuellen(typen), sondern um eine aus historisch-soziologischen Analysen entwickelte *normative* Bestimmung, mit der ein ganz bestimmter Typus von Intellektualität begründet werden soll. Zwar versucht Bourdieu in gewisser Weise die in seiner »Definition« angelegte Vermengung von historisch-soziologischer Deskription und politisch-moralischem Anspruch dadurch zu entwirren, daß er seine normativen Stellungnahmen nicht direkt als *Soziologe* abgibt, sondern sie als Äußerung des *Intellektuellen* Pierre Bourdieu verstanden wissen will. (IuM 41) Damit bleibt die Konsistenz seiner wissenschaftlichen Grundhaltung, die deskriptive und präskriptive Aussagen nicht vermischen will, in gewisser Weise gewahrt. Doch die soziologische Kompetenz zur umfassenden Objektivierung wird in diesem Argumentationszusammenhang eindeutig zurückgestellt. Anders ausgedrückt: Entgegen seinem ansonsten nachdrücklich erhobenen Anspruch auf vollständige Objektivierung sozialer Relationen (vgl. Hoac 16 f.) begnügt sich Bourdieu hier mit einer partiellen Objektivierung, die zudem unverkennbar ein Stück Selbstlegitimation der eigenen Praxis als Intellektueller enthält.

Die politischen Aufgaben und Pflichten des Intellektuellen, die mit dieser Konzeption verbunden sind, werden unter dem Begriff »*Realpolitik* der Vernunft« (IuM 51) inhaltlich näher bestimmt und begründet.[80] Was ist darunter zu verstehen, wodurch wird diese Politik notwendig, und mittels welcher Strategien und Maßnahmen kann sie realisiert werden?

Die Realpolitik der Vernunft und, wie anderenorts ergänzt

wird, »der Moral« (RP 243) zielt auf eine politische Verteidigung der Vernunft. Ebenso wie die Freiheit (vgl. SuG 54) ist auch die Vernunft für Bourdieu eine »historische Errungenschaft wie die Sozialversicherung« (VhE). Und als historische Errungenschaft ist Vernunft nicht – wie Philosophen gerne behaupten – im Bewußtsein oder in der Sprache verankert. Vielmehr gründet sie in nichts anderem als in den Feldern der kulturellen Produktion und in deren Autonomie – eine Autonomie, die kollektiv errungen wurde und die auch kollektiv verteidigt werden muß. Verteidigt deshalb, weil sie, je nach politischer und intellektueller Lage, von außen bzw. von innen durch verschiedene Kräfte in Frage gestellt wird. Von außen geschieht dies durch Kirche, Staat, Industrie- und Handelsunternehmen, insofern sie Einfluß auf Intellektuelle und ihre Produkte zu nehmen versuchen, sei es über Zensur- und Unterdrückungsmaßnahmen, sei es über fördernde Maßnahmen wie zum Beispiel die neuen Formen des privaten Mäzenatentums von Kunst und Kultur, Sponsoring von Forschung, staatliche Kulturpolitik mit ihren bürokratischen Kontrollkommissionen usw. (Vgl. LE) Im Inneren des Feldes ist die Autonomie durch die heteronome Kontrolle der intellektuellen Produktions- und Kommunikationsmittel bedroht, zu denen vor allem Verlagswesen und Presse, in gewissem Sinne auch Fernsehen und andere Medien zu zählen sind. Diese Heteronomie kommt dann zustande, wenn an die wissenschaftlichen und künstlerischen Praktiken und Produkte journalistische Kriterien (schnelle Produktion, leichte Verständlichkeit, massenmediale, insbesondere audiovisuelle Vermittelbarkeit) oder unmittelbar wirtschaftliche bzw. politische Anforderungen (kommerzieller Erfolg, praktische Umsetzbarkeit, Verwertbarkeit) herangetragen werden.

Derartige Bedrohungen, in Zeiten der Restauration dauer- und massenhaft auftretend, können die historisch über Generationen hinweg mühevoll erkämpfte Autonomie der Felder der kulturellen Produktion untergraben und, wenn nicht die Zerstörung der Felder, so doch die Etablierung der Heteronomie im Inneren der Felder bewirken. Hinzu kommen auf internationaler Ebene unmittelbare Angriffe auf Leib und Leben von Intellektuellen, bis hin zu Mordaufrufen gegen Autoren; der »Fall« Salman Rushdie ist nur der bekannteste, bei weitem nicht der einzige.

Alles dies läßt die Parteinahme für Vernunft zur vordringlichsten politischen Aufgabe der Intellektuellen werden. Die Fortführung des Vernunftprojektes ist, eingedenk der historisch-gesellschaftlichen Fundierung von Vernunft, nur in dem Maße möglich, in dem »die Sicherstellung der *gesellschaftlichen Bedingungen der Möglichkeit des vernünftigen Denkens*« (IuM 51) gewährleistet werden kann. Erstes politisches Ziel der Intellektuellen muß also die Bewahrung oder – in Ländern, in denen sie noch nicht existiert – die Errichtung der Autonomie der Felder wissenschaftlicher und künstlerischer Produktion gegen die erwähnten internen und externen Bedrohungen sein. Diese Autonomie stellt eine unabdingbare Voraussetzung sowohl für »vernünftiges Denken« als auch für alle weiteren, über die Verteidigung der Autonomie hinausgehenden politischen Aktionen der Intellektuellen auf nationaler wie auf internationaler Ebene dar.

An dieser Stelle liegt es nahe, auf einige der politischen Aktivitäten und Projekte des Intellektuellen Pierre Bourdieu hinzuweisen. Wir werden uns dabei auf drei relativ gut dokumentierte Beispiele aus dem letzten Jahrzehnt konzentrieren, die zugleich einen direkten Zusammenhang mit dem umfassenden Projekt einer »Realpolitik der Vernunft« erkennen lassen.[81]

Als fachkompetenter Bildungssoziologe hatte Bourdieu die Federführung bei der Formulierung der *Vorschläge für das Bil-*

dungswesen der Zukunft (vgl. MdM 111-122), welche die Mitglieder des Collège de France auf Ersuchen von Präsident Mitterrand im Jahre 1985 verfaßt haben. Bei diesen Vorschlägen geht es um konkrete, recht detailliert ausformulierte kulturpolitische Maßnahmen zur Reform des französischen Bildungssystems, wobei unter anderem die Sicherstellung der Autonomie der Universitäten, ja sogar die Ausdehnung dieser Autonomie (bezüglich der Gestaltung von Form und Inhalt des Lehrstoffes) auf den Sekundarschulbereich zentrale Forderungen darstellen. Wie des weiteren die Empfehlung der Einrichtung einer europäischen Fernuniversität und der Öffnung von Bildungsinhalten auf andere Kulturen hin belegt, zielen die Vorschläge zugleich auf eine Überwindung von kulturellen und nationalen Partikularismen.

Das zweite Beispiel, das in diesem Zusammenhang Erwähnung verdient, ist die Gründung der Kulturzeitschrift *Liber. Revue européenne des livres*, deren erste Ausgaben ab Oktober 1989 als unregelmäßige Beilagen zu fünf auflagenstarken europäischen Zeitungen[82] in der jeweiligen Landessprache erschienen sind. Bestehend aus Rezensionen und Artikeln zu den verschiedensten Themen der Kunst, Literatur, Philosophie und Sozialwissenschaften, jeweils von kompetenten Fachautoren verfaßt, ist es das Grundanliegen dieser Zeitschrift, den intellektuellen Austausch zwischen den europäischen Nationen und zwischen den verschiedenen Disziplinen zu fördern und zu intensivieren. Obwohl das Projekt aus finanziellen Gründen in der ursprünglichen Form nur vorübergehend realisiert werden konnte[83], stellt es unzweifelhaft einen wichtigen Schritt auf dem Weg zur Schaffung eines Forums für den freien internationalen intellektuellen Austausch dar.

Drittens schließlich war Bourdieu, neben Jacques Derrida und anderen, Mitinitiator des im November 1993 in Straßburg ins Leben gerufenen Schriftstellerparlamentes[84], das, wenn man so will, als das politische Repräsentationsorgan einer »Republik der Künstler und der Wissenschaftler« (IuM 51) angesehen werden kann. Im Sinne von Bourdieus politischer Bestimmung des Intellektuellen soll dieses (unregelmäßig tagende) »Parlament« die internationale Solidarität der Autoren festigen, ihre Interessen vertreten und eine institutionalisierte Möglichkeit bieten, im Bedarfsfalle in der alltäglichen Politik symbolisch zu intervenieren. Es bildet eine der Organisationsformen des von Bourdieu projektierten »großen kollektiven Intellektuellen [...], der die Kompetenzen und die Talente der Gesamtheit der spezialisierten Intellektuellen vereint« (IuM 61), und seine Gründung stellt eine erste Etappe im Prozeß der Organisation einer »Internationale der Intellektuellen« (IuM 58) dar.

Bei all diesen politischen Initiativen und den daraus entstandenen institutionellen Strukturen geht es letztlich – so könnte man, an die Ausführungen zur Klassentheorie anknüpfend, auch formulieren – um die Überführung der theoretisch-objektiven Klasse der Geistesarbeiter (oder zumindest des auf Autonomie bedachten Teils derselben) in eine politisch mobilisierte »Klasse« von Intellektuellen. Diese politisch aktive Klasse soll zum einen die Autonomie der intellektuellen Felder effektiv und dauerhaft verteidigen, zum anderen, unter Rückgriff auf die spezifischen wissenschaftlichen und künstlerischen Kompetenzen der Akteure, zu aktuellen politischen Problemen Stellung beziehen und dadurch in die politischen Auseinandersetzungen des Alltags eingreifen können.[85] Denn, wie Bourdieu sagt, »es gibt keine wirkliche Demokratie ohne eine wahre kritische Gegenmacht. Von der bildet der Intellektuelle einen Bestandteil, und zwar einen ersten Ranges.« (MdM 158)

4. Angesichts der dreifachen gesellschaftlichen Situierung der Intellektuellen, einmal innerhalb des Raumes sozialer Klassen,

zweitens innerhalb der Felder kultureller Produktion und schließlich, wie zuletzt angeklungen, innerhalb des Feldes der demokratischen politischen Auseinandersetzungen, ist es in gewisser Weise überraschend, daß Bourdieu die politischen Interventionen der Intellektuellen – und damit berühren wir die erkenntnistheoretische Ebene – als »allgemeine Angelegenheiten« (IuM 63) deklariert. Obwohl er sich der Problematik, daß in diesem Zusammenhang partikulare Positionen einfach als universelle ausgegeben werden könnten, vollkommen bewußt ist und sogar eine solche ungerechtfertigte Universalisierung eines bloß Partiellen als historischen Irrtum mancher Intellektueller diagnostiziert und kritisiert (vgl. IuM 19, 63; ÜsA 349 ff.), hält Bourdieu an dem politisch-moralischen Universalitätsanspruch der Intellektuellen, wie er in der modernen Tradition der Aufklärung erhoben wird, fest. Demzufolge sollen die Intellektuellen, die sich auf ihre Autonomie und Kompetenz stützen und in das politische Feld eingreifen, als »Anwalt des Allgemeinen« (SuG 22) auftreten.

Da Bourdieu aber ein postuliertes allgemeines Subjekt der Geschichte und den geschichtsphilosophischen Prophetismus, mit dem traditionellerweise die erkenntnistheoretischen und zugleich die politisch-moralischen Universalitätsansprüche der Intellektuellen gerechtfertigt werden, ablehnt, bedarf sein Festhalten an solchen Ansprüchen der näheren Begründung. Freilich begnügt sich Bourdieu mit der bloßen Andeutung von zwei Argumenten, die zu einer Begründung des Universalismus herangezogen werden könnten. (IuM 63 ff.) Dennoch scheint uns dieses Problem für die abschließende Einschätzung des Bourdieuschen Gesamtansatzes von eminenter Bedeutung zu sein, und deshalb wollen wir kurz darauf eingehen.

Das erste Argument zur Stützung des Universalitätsanspruches ist ein historisches: Bourdieu verweist auf den Sachverhalt, daß die Intellektuellen als soziale Gruppe sich »geschichtlich allererst in und mit der Ablehnung aller Partikularismen konstituiert haben« (IuM 64). Insofern sind also Universalitätsansprüche, von den Intellektuellen seit dem Zeitalter der *Lumières* immer wieder erhoben, Bourdieu zufolge mit dem Typus des modernen Intellektuellen – der dadurch freilich an ein »Modell des universellen Intellektuellen gebunden« (IuM 64) wird – unauflöslich verknüpft. Nun ist es aber eine Sache, Universalität für die eigenen Ansprüche zu reklamieren, eine andere jedoch, diese überzeugend zu begründen. Der Verweis auf die Geschichte ist hierzu kaum ausreichend, zumal dabei Foucaults Kritik am Universalismus der Aufklärung und an den sich darauf berufenden Intellektuellen ausgeklammert wird. Wenn man, wie Bourdieu es tut, aus dem Sartreschen Modell des universellen Intellektuellen das geschichtsphilosophisch begründete Urvertrauen in die Rolle eines allgemeinen Subjekts der Geschichte wegstreicht, bleibt eine Lücke im Begründungszusammenhang, die irgendwie ausgefüllt werden muß.

In diese Richtung zielt Bourdieus zweiter, nämlich wissenssoziologisch-erkenntnistheoretischer Begründungsversuch des Universalismus: Die Intellektuellen haben einen privilegierten Zugang zu den überlieferten Erkenntnis- und Objektivierungsinstrumenten, die es ihnen erlauben, objektive »Wahrheiten«, d.h. den wissenschaftlichen Standards unterliegende Erkenntnisse, über die Welt zu formulieren. Das Besondere hierbei besteht darin, daß die Intellektuellen, allen voran die Soziologen, diese Erkenntnisinstrumente im Sinne einer selbstreflexiven Sozialwissenschaft systematisch auf sich selbst anwenden und ihre eigene, spezifische Stellung als Intellektuelle innerhalb der sozialen Welt analysieren können. »Diese Erkenntnismittel verschaffen ihnen insbesondere das *Privileg*, den besonderen ökonomischen und sozialen Bedingungen, oder, um es ganz deutlich zu machen, den

Privilegien (wie etwa der Muße, der scholè) auf die Spur zu kommen, die ihren Universalitätsansprüchen zugrunde liegen.« (IuM 65)

Mittels solcher selbstreflexiver Analysen, d.h. der Anwendung der Erkenntnis- und Objektivierungsinstrumente auf sich selbst – und darin besteht die eigentliche Pointe der Argumentation – soll die Soziologie sich »dem historizistischen oder soziologistischen Zirkel entziehen« (RuA 219; vgl. Hoac 11), also ihre historische und gesellschaftliche Situiertheit überwinden können. Nur wenn sie zu einer derartigen »Dehistorisierung« ihrer historisch-gesellschaftlichen Bedingtheit in der Lage wäre, dürfte die Wissenschaft berechtigterweise einen wirklichen Universalitätsanspruch (im Sinne einer zeit- und ortsunabhängigen, alle Gesellschaftsmitglieder verpflichtenden Gültigkeit) erheben. Nur wenn dieses Münchhausenkunststück gelänge, könnte man (wissenschaftliche) Vernunft zu Recht als »eine zutiefst geschichtliche und dennoch auf ihre Geschichte nicht reduzierbare Vernunft« (MdM 105) bezeichnen.

Aus der selbstreflexiv gewonnenen Einsicht in die sozialen und erkenntnismäßigen Privilegien leitet Bourdieu nun zugleich die politische Pflicht der Intellektuellen ab, »den Einsatz für das Universelle fortwährend mit einem Kampf für die Universalisierung der privilegierten Existenzbedingungen, die erst den Einsatz für das Universelle möglich machen, zu verbinden« (IuM 65). Diese »Universalisierung der privilegierten Existenzbedingungen« liefe, konsequent zu Ende gedacht, auf nichts Geringeres als eine Aufhebung der Ungleichheitsstrukturen moderner Gesellschaften, also auf das Ende der Klassengesellschaft hinaus – und in gewisser Weise sogar auf eine Verwandlung sämtlicher Akteure einer Gesellschaft in Intellektuelle. Inwiefern derartige Vorstellungen sich noch in das Programm einer Realpolitik der Vernunft fügen, sei dem Urteil des Lesers anheimgestellt.

Wie auch immer man die Möglichkeiten zur Durchbrechung des historizistischen Zirkels und die (naturalistische) Begründung der politischen Verpflichtung der Intellektuellen zur Universalisierung ihrer Existenzbedingungen bewerten mag, so ist doch unverkennbar, daß Bourdieus Bekenntnis zu dem klassischen Postulat einer universellen Vernunft in einen grundlegenden Widerspruch zu einem anderen zentralen Theorem seines Ansatzes gerät, nämlich zu seiner *praxeologischen Theorie der Praxis.* In deren Zusammenhang wurde in Kapitel 2 herausgestellt, daß das spezifisch wissenschaftliche, theoretische oder, wenn man so will, intellektuelle Erkennen und Handeln einer anderen Logik unterliegt als das alltagspraktische Erkennen und Handeln. Letzteres ist, aus praxisimmanenten Gründen, von der strengen Logik der reinen Intellektualität weit entfernt. Und die fundamentale Differenz zwischen der theoretischen Logik der Intellektualität und der praktischen Logik der Alltagsvernunft ließe sich nur aufheben entweder durch eine entdifferenzierende Angleichung der ausdifferenzierten Felder und deren Praxisformen (Wissenschaft, Kunst, Recht usw.) an die Alltagspraxis oder durch eine (gleichermaßen unwahrscheinliche) Überführung sämtlicher Alltagspraktiken in ein theoretisch fundiertes Expertenhandeln. So ist es kein Zufall, daß Bourdieu eine wirklich überzeugende Begründung des den Intellektuellen zugesprochenen Universalitätsanspruches letztendlich schuldig bleibt, denn eine solche Begründung wäre, von anderen Schwierigkeiten abgesehen, nur um den Preis eines Bruches mit den zentralen Einsichten seiner praxeologischen Theorie der Praxis zu erlangen.

Dieser Widerspruch scheint Bourdieu selbst nicht entgangen zu sein, denn an einer anderen Textstelle trägt er ein bescheideneres Konzept des Intellektuellen vor, nämlich das sokratische Modell des Intellektuellen als »Geburtshelfer« (vgl. IuM 20 ff.), der den sozialen Akteuren – unter Respektierung ihrer Eigenständigkeiten – hilft, ihr besonderes, gewöhnlich implizit bleibendes Wissen zu artikulieren, ihre Interessen selbst zu erkennen und (politisch) danach zu handeln. Mit diesem mäeutischen Intellektuellenkonzept, das mit der *Theorie der Praxis* vollkommen vereinbar ist und das auch im Hintergrund von Bourdieus jüngsten Untersuchungen über das soziale Leiden im gegenwärtigen Frankreich steht (vgl. Mis), sind zwar ebenfalls aufklärerische Intentionen verbunden, aber der sokratische Intellektuelle braucht sich dabei nicht auf den (problematisch gewordenen) Universalismus der *Lumières* zu berufen, er kann beim Ausüben seiner Geburtshelferkunst auf universelle Erkenntnis- und Moralansprüche verzichten.

Doch wir wollen diesen, das Bourdieusche Werk spaltenden Widerspruch zwischen der von der Theorie der Praxis begründeten Eigenlogik der (nicht-intellektuellen) Alltagspraxis und dem intellektuellen Universalitätsanspruch, den Bourdieu im Zusammenhang seiner Soziologie der Intellektuellen zu begründen versucht, hier nicht vorschnell ausräumen; statt dessen nehmen wir ihn zum Anlaß und zum Ausgangspunkt, um abschließend den Versuch einer kritischen Einschätzung der Bourdieuschen Sozialtheorie in ihrer Gesamtheit zu unternehmen.

7. Schlußbetrachtung: Der Widerstreit zwischen Modernismus und Postmodernismus in der Sozialtheorie Bourdieus

Zum Abschluß unserer Einführung in die Soziologie Bourdieus wollen wir das bisher Ausgeführte rekapitulieren, indem wir die in den einzelnen Kapiteln dargestellten zentralen Theoreme Bourdieus kurz Revue passieren lassen und dabei einen kritischen Blick auf den Gesamtansatz werfen, wie er sich aus dem Zusammenspiel der verschiedenen Theoriekomponenten herauskristallisiert. Als Orientierungspunkt unserer kritischen Betrachtung dient der im letzten Kapitel konstatierte Widerspruch zwischen dem Versuch, einen politisch-moralischen Universalitätsanspruch kritischer Intellektueller zu begründen, mit dem sich Bourdieu in die geistige Tradition der Moderne einreiht, und der praxistheoretischen Relativierung des Intellektualismus, die Bourdieu in die Nähe zu einigen der Ansätze rückt, die unter dem Etikett der »Postmoderne«[86] zirkulieren. Wie sind nun die in den vorangegangenen Kapiteln rekonstruierten Theoriekomponenten vor dem Hintergrund des Gegensatzes von »moderner« (universell-aufklärerischer) und »postmoderner« (vernunftkritisch-pluralistischer) Geisteshaltung zu beurteilen?

In die soziologische Denkungsart Bourdieus einsteigend, wurde im ersten Kapitel das intellektuelle Feld Frankreichs, insbesondere das soziologische Teilfeld, skizziert. Die Soziologie der kulturellen Produktion hat verdeutlicht, daß Bourdieus Publikationen – wie die Praktiken und Produkte aller Wissenschaftler, Künstler, Schriftsteller – durch das intellektuelle Feld und die dortigen Produktionsbedingungen (vorgegebene Theorietraditionen, Konkurrenz- und Koalitionsbeziehungen, institutionelle und symbolische Machtverhältnisse usw.) determiniert sind.

Diese Determiniertheit hofft Bourdieu jedoch durch eine selbstreflexive soziologische Analyse, durch eine »teilnehmende Objektivierung« (vgl. Rep 224 ff.), wenn nicht völlig ausschalten, so doch reflexiv beeinflussen und somit tendenziell außer Kraft setzen zu können. Als »Instrument einer Sozioanalyse« (Hoac 38) soll die soziologische Erforschung des intellektuellen Feldes das eigene wissenschaftliche Unbewußte, das durch die objektive, untrennbar soziale und intellektuelle Position innerhalb des Produktionsfeldes bedingt ist, bewußt und dadurch die autonome Gestaltung der wissenschaftlichen Praxis (wieder) möglich machen. Soziologische Selbstreflexivität ist damit »ein Weg, um sich sein eigenes Denken anzueignen« (SuG 15). Gelingt ihr dies, erfüllt die soziologische Analyse eine »klinische, ja therapeutische Funktion« (RuA 223) und kann zur individuellen Emanzipation von unbewußten psychischen Determinationen gesellschaftlichen Ursprungs beitragen: »Die Soziologie ist ein höchst machtvolles Instrument der Selbstanalyse, die es einem ermöglicht, besser zu verstehen, was man ist, indem es einen die sozialen Bedingungen, die einen zu dem gemacht haben, was man ist, sowie die Stellung begreifen läßt, die man innerhalb der sozialen Welt innehat.« (RuA 223)

Aber damit ist nur der erste Aspekt des aufklärerisch-emanzipatorischen Potentials der Sozialwissenschaften angesprochen. Denn über die individuell-therapeutische Funktion hinaus kann die soziologische Forschung in einer weiteren Hinsicht eine »befreiende Kraft« (SF 44) entfalten, nämlich auf der kollektiv-politischen Ebene. Bourdieu geht, gleichsam klassisch aufklärerisch, auch diesbezüglich davon aus, daß die wissenschaftliche Erkenntnis sozialer, d.h. historischer Gesetze einen reflexiven und kontrollierenden Umgang mit ihnen gestattet. Dies gilt nicht nur bezüglich des intellektuellen Produktionsfeldes, sondern bezieht sich auf alle Gesetzmäßigkeiten, die sich in der sozialen Welt rekonstruieren lassen. Bourdieu nennt als Beispiel eines derartigen Gesetzes den in seinen bildungssoziologischen Studien festgestellten systematischen Zusammenhang zwischen Schulerfolg und ererbtem kulturellem Kapital. (SF 44) Im Zuge der wissenschaftlichen Darlegung derartiger Bedingungszusammenhänge werden den Akteuren vormals unerkannte Handlungsoptionen zur Kenntnis gebracht und Möglichkeiten für die Außerkraftsetzung von bislang als unumstößlich erachteten Gesetzmäßigkeiten aufgezeigt. »Jeder Fortschritt in der Erkenntnis der Notwendigkeit ist ein Fortschritt in der *möglichen* Freiheit.« (SF 44)

Um jedoch diese mögliche Freiheit in eine tatsächliche Befreiung zu überführen, muß kollektiv-politisch an der Aufhebung der festgestellten Bedingungszusammenhänge gearbeitet werden (im letztgenannten Beispiel etwa durch Reformierung der Bildungssinstitutionen). Die soziale Welt ist Bourdieu zufolge mithin keine Welt, der sich die Akteure schicksalhaft ergeben müßten; vielmehr ist ihre Veränderung, freilich nur um den Preis politischer Transformationsarbeit, prinzipiell möglich. Hierzu können die Sozialwissenschaften wichtige Erkenntnisse, aber keineswegs hinreichende Gründe liefern. Letzteres ist Aufgabe der politischen Reflexion, und allein die politische Praxis kann bislang als schicksalhaft erfahrene Determinationen außer Kraft setzen bzw. transformieren. Für Bourdieu gilt, »daß die Intention der Aufdeckung gesellschaftlicher Zwänge emanzipatorisch ist«. Denn: »Jeder neue Bestimmungsfaktor, der erkannt wird, eröffnet einen weiteren Freiheitsspielraum.« (MdM 46)

Mit dem zweifachen emanzipatorischen Potential (individuell-therapeutisch und kollektiv-politisch), das er einer selbstreflexiven und kritischen Soziologie zuschreibt, fügt sich Bourdieu in die moderne Tradition der Aufklärung ein und unterstellt seine Wissenschaft der, wie Lyotard sagt, »Metaerzählung« der Emanzipation.[87] Erklärtes Ziel der Aufklärung und des aus ihr hervorgegangenen »Projekts der Moderne« (Habermas)[88] ist es bekanntlich, die Menschheit aus ihrer selbstverschuldeten Unmündigkeit zu befreien, und hierzu sollen Vernunft und Wissenschaft einen, ja den entscheidenden, Beitrag leisten. In dem Maße, in dem Sozialwissenschaft gesellschaftliche Gesetzmäßigkeiten und Bedingungszusammenhänge erkennt und zugleich deren Historizität und Veränderbarkeit aufzeigt, eröffnet sie, so die aufklärerische Anschauung, den Menschen auf individueller wie auf kollektiver Ebene die Möglichkeit zur eigenverantwortlichen und gerechten Gestaltung ihrer Welt.

Eine prinzipielle, von Bourdieus Kritik der theoretischen Vernunft aufgezeigte Grenze des Aufklärungs- und Emanzipationspotentials resultiert nun aber daraus, daß die soziologische Wissenschaft als aufklärende, d.h. intellektuelle Erkenntnispraxis von spezifischen Voraussetzungen abhängig ist, die, wie im zweiten Kapitel ausgeführt, mit denen der Alltagspraxis alles andere als identisch sind. Die Differenz zwischen wissenschaftlichem und alltäglichem Erkennen und Handeln wird von Bourdieus praxeologischer Theorie der Praxis herausgearbeitet. Diese Theorie erinnert – gegen eine intellektualistische Gleichsetzung von Wissenschafts- und Alltagslogik – daran, daß soziale Praxis den Konditionen der Zeitlichkeit (Dringlichkeit, Selektionszwang, Irreversibilität usw.) und den gesellschaftlichen Zwecken und Zwängen des Alltags unterliegt – und deshalb zu einer rationale Erkenntnismittel nur sehr fragmentarisch einsetzen könnenden »Ökonomie der Logik« (SoSi 158) gezwungen ist. Positiv gewendet: Gesellschaftliche Praxis gehorcht einer spezifisch praktischen Logik, einer »universell vorlogischen Logik der Praxis« (SoSi 40 f.). Es handelt sich dabei um eine, wenn man so will, nicht-intellektuelle Logik der Praxis, die aber – und das ist zu beachten – eine genuin eigenständige Praxislogik darstellt, die keineswegs an der theoretischen Logik der Wissenschaft gemessen und als defizitär begriffen werden darf.

Im Unterschied zur Alltagspraxis beruht Sozialwissenschaft auf den grundsätzlich anders gelagerten Bedingungen der Zeitentbundenheit und Handlungsentlastetheit. Als spezifische Erkenntnis- und Praxisform gründet Wissenschaft, ähnlich wie Kunst, Philosophie usw., in gesellschaftlich und erkenntnismäßig privilegierten Existenzbedingungen. Sie hat die Suspension von den materiellen, sozialen und zeitlichen Zwängen alltäglicher Praxis zur Voraussetzung. Erst diese Entbindung von alltäglichen Zwecksetzungen erlaubt es, die historisch akkumulierten, zur rationalen Erkenntnis der sozialen Welt notwendigen wissenschaftlichen Erkenntnismittel einzusetzen und einen intellektuellen, aufklärerischen Standpunkt in bezug auf diese Welt einzunehmen.

Angesichts der praxeologisch begründeten Differenz zwischen wissenschaftlich-rationaler und alltäglicher Erkenntnis- und Handlungspraxis[89], so kann man schließen, ist es unzulässig, das unter den sozial und erkenntnismäßig privilegierten Bedingungen der Handlungsentlastetheit gewonnene intellektuelle Wissen *unvermittelt* auf den Alltag (oder die Politik oder anderen Praxisfelder) zu übertragen und als praxisverbindliche Wahrheit zu deklarieren. Daß dies dennoch oft geschieht, ist Ergebnis des von manchen Wissenschaftlern, Philosophen und Schriftstellern gepflegten Intellektualismus, der als »Intellektualozentrismus« (SoSi 56) die spezifisch »scholastische«, in der Situation der »Muße« und Handlungsentlastetheit gründende Anschauung (vgl. ÜsA) verabsolutiert und damit zugleich der »Illusion absoluten Wissens« (SaB 273) Nahrung gibt. Indem der Intellektualismus die unhintergehbare Differenz von praktischem und wissenschaftlichem Erkennen und Handeln ignoriert und die soziale Praxis unvermittelt dem Diktat seiner Logik unterwirft, initiiert er eine Dialektik der Aufklärung, die aus dem aufklärerischen Willen zur Emanzipation – ob den Aufklärern bewußt oder nicht – leicht einen Willen zur Macht werden läßt, denn: »Die Aufklärung, die von den herrschenden Kreisen gern und im Übermaß geliefert wird, disqualifiziert letztlich nur (ähnlich den Auskünften, die der Arzt seinem Patienten gibt) das praktische, auf Alltagserfahrung basierende Wissen der Beherrschten.« (FU 726) Dabei kann das praktische Wissen, wie die praxeologische Theorie der Praxis belegt, auf Aufklärung und Intellektualität gut und gerne verzichten, da es, im Prinzip zumindest, der Praxis vollkommen angemessen und für ihre Zwecke ausreichend ist.

Nun hat bekanntlich der uneingestandene, mit dem Universalitäts- und Ausschließlichkeitsanspruch der modernen Aufklärung[90] verbundene Herrschaftsanspruch – auch wenn er lediglich darin bestehen mag, über das gesellschaftliche Monopol auf legitime Wahrheit verfügen zu wollen – in den intellektuellen Debatten und theoretischen Diskursen zur (»postmodernen«) Kritik an der (»modernen«) Aufklärung geführt. Vor dem Hintergrund dieses Sachverhalts kann man die aus der soziologischen Kritik der theoretischen Vernunft hervorgegangene praxeologische Kritik des Intellektualismus als radikale, weil auf die gesellschaftlichen und epistemologischen Grundlagen zielende Variante der üblicherweise von den als »postmodern« apostrophierten Philosophen formulierten Kritik des »Logozentrismus« (FU 740)[91] begreifen. Dessen gesellschaftliche Wurzeln liegen in den mit der Partizipation an den ausdifferenzierten intellektuellen Feldern zusammenhängenden – und als solche unerkannten – sozialen Privilegien; auf epistemologischer Ebene erwächst der

Logozentrismus aus der Verabsolutierung des handlungsentlasteten und zeitentbundenen intellektuellen Standpunktes.

Trotz aller Einwände und der mitunter scharfen Polemik, die er gegen sie vorträgt, und ob es ihm gefällt oder nicht: Von der Sache her nähert sich Bourdieu, zumindest mit der praxeologischen Theorie der Praxis, den Logozentrismus- und Vernunftkritikern Derrida und Foucault an, die ebenfalls (wenn auch mit anderen Begründungen und vielleicht aus anderen Motiven) die überzogenen Ansprüche einer wissenschaftlich-logozentrischen Vernunft dekonstruiert [92] bzw. historisch kontextualisiert und mit ihren (nicht intendierten?) Folgen konfrontiert [93] haben. Mit der von Nietzsche inaugurierten reflexiven Anwendung des Wahrheitsanspruches von Wissenschaft und Vernunft auf diesen Anspruch selbst [94] wird das bis dahin beanspruchte ausschließliche Recht von Wissenschaft und Philosophie auf Wahrheit fragwürdig, und Vernunft, Logos, Wahrheit werden ironisiert, relativiert, kontextualisiert, historisiert. Erkenntnistheoretisches Resultat von alledem – und Bourdieus Theorie der Praxis fügt sich nahtlos in diesen Rahmen – ist die Pluralisierung von Wahrheitskriterien (Nietzsche sprach von »Perspektivismus«) und folglich eine unhintergehbare Pluralität von Wahrheitsformen, die nebeneinander bestehen können und auch tatsächlich nebeneinander bestehen. [95] Seither weiß die Wissenschaft, daß auch sie sich mit »partiellen und provisorischen Wahrheiten« (Mis 944) zufriedengeben muß. Im Rahmen von Bourdieus Theorie der Praxis formuliert: Das, was für die Praxis wahr und richtig ist, braucht es in der Theorie und deren Kriterien entsprechend keineswegs sein – und vice versa. Mit dieser Einsicht ist der Aufklärung keineswegs eine Absage erteilt, im Gegenteil: hier werden *die Intellektuellen* über ihr spezifisches Verhältnis zur Welt und den mit der scholastischen Anschauung verbundenen blinden Fleck aufgeklärt.

Von der Kritik der theoretischen Vernunft initiiert und mit der praxeologischen Theorie der Praxis sachlich begründet, findet die Kritik des Logozentrismus ihre handlungstheoretische Fortführung in der Habitustheorie, der wir uns im dritten Kapitel zugewandt haben. Nach diesem Konzept liegt die soziologisch wesentliche Grundlage sozialen Handelns im praxisgenerierenden Dispositionssystem des Habitus. Statt auf eine Präferenzen bzw. Gründe rational abwägende und intentional agierende Vernunft, wie sie von den rationalistischen Theorien des Handelns (Rational-Choice- und Spieltheorien, Theorie des kommunikativen Handelns u. a.) postuliert wird, greift die Habitustheorie zur Erklärung der Genese von Handlungen auf die Vernünftigkeit des praktischen Sinnes (»sens pratique«) zurück, der, die habituellen Dispositionen gleichsam instinktiv (vgl. SoSi 191; FU 372) umsetzend, den Handlungen Richtung und Sinn verleiht. Es gibt also, so zeigt sich auch hier, nicht *die* Vernunft. Vielmehr existiert neben einer – allenfalls in bestimmten Grenzfällen zum Tragen kommenden – streng »rationalen« Vernunft ein praktischer »Alltagsverstand« (SoSi 127), dem man seine Vernünftigkeit nur dann absprechen könnte, wenn man den klassischen Ausschließlichkeitsanspruch des Logos restaurieren wollte. Mit der Habitustheorie wird also auf handlungstheoretischer Ebene die Kritik an dem – wir wagen das Wort – »Imperialismus des Logos« [96] fortgesetzt.

Der nächste Berührungspunkt mit Theoremen der Postmoderne zeigt sich bei der von uns im vierten Kapitel rekonstruierten Feldtheorie. Stellt Pluralität ein Signum der Postmoderne dar [97], so versucht die Feldtheorie dem gerecht zu werden, indem sie Gesellschaft als Pluralität von Praxisfeldern konzeptualisiert. Die organische Ganzheit und Einheit, welche »die« Gesellschaft für die klassischen Soziologien der frühen Moderne war, löst sich mit der Feldtheorie auf in eine analytisch differenzierbare Pluralität von relativ autonomen Praxisfeldern, die sehr unterschiedlichen Spielregeln unterstehen. Ein einheitliches Prinzip, das »die« Gesellschaft von einem Zentrum her zusammenhielte, läßt sich soziologisch überzeugend nicht (mehr) begründen. Zwar war, genau besehen, Pluralität auf sozialstruktureller Ebene Kennzeichen der modernen Gesellschaften von Anbeginn an.[98] Doch das moderne Selbstverständnis dieser Pluralität ging davon aus, daß es sich bei der zugrundeliegenden Differenzierung um eine Universalisierung handele[99], also um eine notwendige Entwicklung, die nicht anders verlaufen konnte und die auch in anderen Gesellschaften den gleichen Verlauf nehmen wird. Im Unterschied zu dieser modernen – und von den Modernisierungstheorien forcierten – Auffassung stellt die Feldtheorie sowohl die Kontingenz heraus, die für die Felder – infolge ihrer spezifischen Kapitalformen, Spielregeln und Ökonomien – charakteristisch ist, als auch die Historizität und Zufälligkeit der Entwicklungsprozesse, die zu ihrer Herausbildung geführt haben. Es gibt also kein Telos, das der Differenzierung eingeschrieben ist, und keine Zwangsläufigkeit, die zu den Feldern in ihren bestehenden Formen geführt hat. Kontingenz, nicht Notwendigkeit, kennzeichnet die Strukturen und die Genese der gesellschaftlichen Felder.[100]

Eine weitere Konvergenz mit postmodernem Denken betrifft das agonistische, konflikttheoretische Paradigma, dem die Analysen Bourdieus verpflichtet sind[101] und das wir im Kontext der Feld- und Kapitaltheorie kurz angesprochen haben. Soziale Praxis ist, ohne daß damit Koalitionsbildungen und Formen von lokalem Konsens ausgeschlossen wären, strategische Praxis, d.h. eine Praxis, der es um die Akkumulation von ökonomischen, kulturellen und symbolischen Gütern, um die Legitimierung (bzw. Delegitimierung) der auszutragenden »Spiele« und dabei zu erzielender Profite, kurz: um soziale Macht und Anerkennung, zu tun ist. Gesellschaftliche Konflikte, ob sie sich nun eher in individuellen Konkurrenzkämpfen oder in kollektiven, von Gruppen ausgetragenen Klassenkämpfen manifestieren, sind alles andere als transitorische Zustände, die durch normative Übereinkunft stillgestellt werden könnten; sie stellen vielmehr den »Motor« der Dynamik des Sozialen dar. Gesellschaftliche Konflikte, um es in einem Satz zu sagen, sind für die soziale Wirklichkeit konstitutiv. Und Gegenstand der Soziologie ist genau diese »Wirklichkeit, die alle individuellen und kollektiven Kämpfe umfaßt, welche die Wirklichkeit bewahren oder verändern wollen.« (SoSi 258)

Gleich Bourdieu stellt auch Jean-François Lyotard, vielleicht der konsequenteste Denker des Postmodernen, mit seiner Philosophie des Widerstreites die »Unmöglichkeit der Vermeidung von Konflikten« und das Fehlen einer letzten Instanz zu deren Schlichtung heraus.[102] Die prominente Stellung, die das agonistische Paradigma[103] in den Diskussionen der Postmoderne einnimmt, hängt eng mit den schon angesprochenen Theoremen zusammen: mit der kritischen Haltung gegenüber den Widersprüche und Konflikte glättenden Logosphilosophien und mit dem Bewußtsein, daß die Gesellschaft kein homogenes, organisch zusammenstimmendes Ganzes (mehr) bildet, sondern heterogen, plural, konflikthaft in ihrer Grundverfassung ist. Letzteres darf jedoch nicht dahingehend überinterpretiert werden, daß sich deshalb der soziale Zusammenhalt aufgelöst hätte und nur noch unzusammenhängende Atome von isolierten Individuen vorzufinden wären.

Wie nämlich Bourdieu mit seinem Modell des sozialen Raumes, das im fünften Kapitel dargestellt wurde, überzeugend belegt, lassen sich auch in den plural und konflikthaft verfaßten Gesellschaften der fortgeschrittenen Moderne soziale Strukturen rekonstruieren, und zwar auf einer analytischen Ebene, die man durchaus als gesamtgesellschaftliche bezeichnen kann. Von den Spezifika der ausdifferenzierten Felder abstrahierend, richtet das Sozialraum-Modell seinen Fokus auf objektive Klassen sozialer Akteure, welche anhand verschiedener Kriterien (Kapitalvolumen und -struktur, soziale Laufbahn) bestimmt und in einem konstruierten Raum sozialer Positionen verortet werden.

Anders als die hierzulande zur Zeit hoch im Kurs stehenden subjektzentrierten soziologischen Ansätze, die eine Auflösung von Klassenstrukturen – sei es in frei flottierende Individuen [104], sei es in von sozialen Positionen unabhängige Erlebnismilieus [105] – annehmen, hält Bourdieus Modell nicht nur am Fortbestehen von objektiven Klassenstrukturen fest, sondern postuliert zudem einen systematischen Zusammenhang zwischen Klassenzugehörigkeit (und der damit verbundenen Verfügung über ökonomische, kulturelle und soziale Ressourcen) auf der einen und Formen der symbolischen Lebensführung – den Lebensstilen – auf der anderen Seite. Damit opponiert Bourdieu, nebenbei bemerkt, implizit zugleich gegen solche Theoreme, die, eher dem Denken der Posthistoire denn der Postmoderne verpflichtet, eine Auflösung der sozialen Realität in den »Hyperrealismus« der Simulation behaupten. [106] Zwar gibt es in den modernen Konsum- und Lifestyle-Gesellschaften tatsächlich ausgeprägte Möglichkeiten, mit dem Verhältnis von Sein und Schein zu spielen (vgl. FU 391 ff.; SoSi 246 ff.) und mittels symbolischer Stilisierung der Lebensführung Trugbilder (Baudrillards »Simulakren«), die auch Traumbilder sein können, bezüglich der eigenen Position innerhalb der sozialen Welt zu konstruieren. Und in der Tat werden die Spielräume zwischen Sein und Schein besonders von den Mittelklassen, mit ihren Strategien der prätentiösen Lebensführung, gerne ausgenutzt. Aber: Jede symbolisch inszenierte »Simulation« gesellschaftlicher Verhältnisse ist, wie die Kapitaltheorie zeigt, letztendlich doch begrenzt durch die den Akteuren zur Verfügung stehenden objektiven ökonomischen, kulturellen und sozialen Ressourcen. Folglich ist die Vorstellung einer freischwebenden symbolischen Sphäre gesellschaftlicher Simulation ihrerseits kaum mehr als ein theoretisches Trugbild.

Letztendlich liegt dem Sozialraum-Modell die Annahme zugrunde, daß die sozialstrukturellen Kontinuitäten der modernen Klassengesellschaften (trotz aller, von Bourdieu selbst analysierten, historischen Transformationen und inhaltlichen Verschiebungen) doch so ausgeprägt sind, daß nichts dazu berechtigt, das Paradigma strukturierter und die Praxis symbolisch strukturierender sozialer Ungleichheit im Orkus obsoleter Theoriekonzepte verschwinden zu lassen. Hier zeigt sich Bourdieu als ein der Moderne zugehöriger Denker moderner Gesellschaften, die nach wie vor als durch Klassen- und Lebensstilstrukturen geprägte Gesellschaften analysiert werden können.

Manche Theoriekomponenten Bourdieus, so das bisherige Resümee, zeigen mithin Affinitäten zur modernen Denktradition mit ihren aufklärerischen, emanzipatorischen Ansprüchen, andere stehen eher einem vernunftkritisch-pluralistischen Denken nahe, das man auch als postmodern bezeichnen kann. Dieser Widerstreit von modernistischen und postmodernistischen Denkelementen ist auch, gleichsam in nuce, im letzten von uns hier (im sechsten Kapitel) abgehandelten Theoriekomplex anzutreffen, nämlich in der Soziologie der Intellektuellen.

Einerseits wird Vernunft, wie sie im Laufe des 19. Jahrhunderts in den autonomen Feldern der Wissenschaft, Kunst und Literatur institutionalisiert werden konnte, als eine historische, in den gesellschaftlichen Strukturen der intellektuellen Konkurrenz verankerte Errungenschaft begriffen – und nicht, wie seit den Philosophien der Aufklärung üblich, als universal und a priori mit dem

Bewußtsein oder der Sprache gegebene Instanz. »Die Vernunft ist durch und durch geschichtlich.« (ÜsA 354) Mit dieser Feststellung ist sozusagen die strukturtheoretische Konsequenz aus der praxeologisch angelegten Vernunftkritik gezogen: Vernunft wird in ihre sozialen und historischen Grenzen verwiesen, sie wird kontextualisiert (an die autonomen Strukturen der intellektuellen Felder gebunden) und historisiert (mit der historischen Genese dieser Felder in Verbindung gebracht).

Und dennoch glaubt Bourdieu andererseits an den von der Aufklärung postulierten universellen Ansprüchen der Vernunft – und der Intellektuellen, die sich auf Vernunft berufen – festhalten zu können. Geschichte und unbedingte Geltung stellen keine unaufhebbaren Gegensätze dar. Im Gegenteil: »Die Geschichte kann *transhistorische Universalität* nur dadurch erzeugen, daß sie soziale Universen schafft, die, als Wirkung der sozialen Alchemie ihrer spezifischen Funktionsgesetze, darauf gerichtet sind, aus der oft unerbittlichen Konfrontation partikularer Standpunkte die *sublimierte Essenz des Universellen* herauszuziehen.« (RP 80, Hervorhebung von mir; vgl. auch Rda 15)

Hier stehen wir, es wurde im letzten Kapitel angesprochen, vor der Problematik des historizistischen (bzw. soziologistischen) Zirkels (vgl. Hoac 11; RuA 219), also vor der Frage: Kann eine historisch bedingte, in den intellektuellen Feldern institutionalisierte Vernunft tatsächlich, wie Bourdieu behauptet, einen *im strengen Sinne* universellen, gleichsam unbedingten und »transhistorischen« Geltungswert für sich beanspruchen? Politisch gewendet: Kann, nach dem Legitimationsverlust der Geschichtsphilosophie, eine partikulare gesellschaftliche Gruppe, hier: die der Intellektuellen, auf eine mehr als bloß rhetorische Weise für sich beanspruchen, bei ihren politischen Interventionen als »Anwalt des Allgemeinen« (SuG 22) aufzutreten? Schauen wir uns Bourdieus Versuch zur Auflösung des historizistischen Zirkels kurz an.

Soziologisch betrachtet ist jede Wahrnehmungs- und Erkenntnisweise standortgebunden und damit zwangsläufig perspektivisch. Dieser »Perspektivismus«, so sieht es auch Bourdieu, ist »in der Realität der sozialen Welt selbst begründet« (Mis 10), nämlich in ihren pluralen, relationalen, konfliktuellen Strukturen. Auch die soziologische Sichtweise selbst ist, wie jede intellektuelle Wahrnehmung der Welt, insofern perspektivisch, als sie an das intellektuelle Feld und die scholastische Anschauung gebunden ist. Dennoch hat die soziologische Analyse – im Vergleich zu den Auffassungen der an ihre ökonomischen, kulturellen, politischen Standorte gebundenen Akteure – das epistemologische Privileg, mittels der Anwendung historisch akkumulierter Erkenntnismittel die partikularen Objektivierungen, welche die sozialen Akteure in ihrer Alltagspraxis vornehmen, ihrerseits objektivieren und dadurch eine Art Zusammenschau erreichen zu können. (Vgl. SRuK 29; Mis 9 f.) Des weiteren kann sie sich, mittels soziologischer Selbstobjektivierung, Klarheit über ihr epistemologisches (und gesellschaftliches) Verhältnis zu den Alltagswahrnehmungen verschaffen. Die wissenschaftliche Analyse hat, um es kurz zu sagen, im Unterschied zu den partikularen Sichtweisen der Akteure einen *höheren Objektivierungsgrad*. (Vgl. Hoac 34 f.)

Die entscheidende Frage, die im Rahmen der Begründung intellektueller Universalitätsansprüche zur Debatte steht, lautet nun aber: Läßt sich durch die im Zuge einer Selbstobjektivierung gewonnene Einsicht in die spezifische Eigenart des intellektuellen Standpunktes dessen Perspektivität überwinden? Nach allem, was wir durch die Theorie der Praxis gelernt haben, kann diese Frage nur verneint werden, denn es ist – ohne damit das höhere Objektivierungspotential wissenschaftlicher Erkenntnis leugnen zu wollen – nicht einsehbar, wie die Perspektivität, die mit der scholastischen Sichtweise als solcher verbunden ist und die in nichts anderem gründet als in der fundamentalen Differenz von theoretischer und praktischer Logik, auf grundsätzliche Weise überwunden werden könnte. Der intellektuelle Standpunkt verfügt zwar über die Fähigkeit, sich selbstreflexiv zu beobachten und sich in seiner erkenntnis- wie handlungslogischen Differenz zum strategischen Gesichtspunkt der Praxis zu erkennen, aber sein blinder Fleck – nämlich daß er die Praxis nicht vom Standpunkt der Praxis aus betrachten kann, sondern allenfalls unter Zugrundelegung einer *Theorie* der Praxis, und sei sie praxeologisch – kann durch nichts, es sei denn durch rhetorische Kunstgriffe, aufgehoben werden.

Aus alledem folgt, daß die Intellektuellen für ihre Erkenntnisse und erst recht für ihre moralisch-politischen Anliegen »Universalität« immer nur in einem begrenzten, nämlich auf die Mitglieder ihrer eigenen sozialen Gruppe eingeschränkten Sinne beanspruchen können (so auch die vorsichtige Definition von Universalität, in: RP 241). Hinzu kommt, daß Bourdieu als Soziologe, der die Strukturen der sozialen Welt auf differenzierte Weise analysiert und dabei die verschiedenen Sichtweisen der in sie involvierten sozialen Akteure berücksichtigt, genau weiß, daß, hätte er eine der von ihm untersuchten sozialen Positionen inne, auch er die Welt nicht anders sehen würde als die jeweiligen Akteure vor Ort. (Vgl. Mis 925)

Nimmt man die Perspektive einer soziologischen Erkenntnis- und Wissenstheorie ein, die Wissens- und Erkenntnisformen in ihrer »Seinsverbundenheit« (K. Mannheim) analysiert, d.h. zu den gesellschaftlichen Bedingungen ihrer Produktion (den Feldern der Alltagspraxis, der Wissenschaft, der Kunst, Literatur usw.) in Beziehung setzt, dann bleibt die Geltung einer Wissensform von ihrer Genese abhängig. Folglich kann jede Erkenntnis, auch wenn sie sich wissenschaftlich nennt, immer nur eine relationale Geltung beanspruchen – ohne deshalb zu einem irrationalistischen Nihilismus verurteilt zu sein.[107] »Die Wahrheit ist von dieser Welt; in dieser wird sie aufgrund vielfältiger Zwänge produziert.«[108] Um es in Bourdieus Worten zu sagen: Da es »keine innere Kraft der wahren Idee gibt« (SF 8), existieren auch keine Kriterien für (wissenschaftliche) Wahrheit, die außerhalb des wissenschaftlichen Feldes und seiner Zwänge liegen. Logische Konsequenz davon: Der historizistische Zirkel, zumal er gar keinen Circulus vitiosus darstellt, läßt sich nicht auflösen, es sei denn durch einen in Zeiten nachmetaphysischen Denkens kaum begründbaren philosophischen Absolutismus, der ein platonisches Reich der wahren Ideen restaurieren wollte.

Daß Bourdieu dennoch im Kontext seiner Soziologie der Intellektuellen an der Idee einer »transhistorischen Universalität« festhält, mag mit seinem Bestreben zusammenhängen, ein Gegengewicht zu schaffen zu dem seit den achtziger Jahren – wieder einmal – um sich greifenden Grabgesang auf die Intellektuellen. Der Grabgesang beruft sich dieses Mal auf die wohlbegründete postmoderne Kritik der modernen Idee der Universalität und des sie repräsentierenden allgemeinen Subjekts der Geschichte, leitet daraus jedoch voreilig die Verabschiedung des kritischen Intellektuellen schlechthin ab.[109] Daß man aber, jenseits der Berufung auf Universalitätsansprüche, einen – wenn man so will: postmodernen – Typus von Intellektualität begründen und gleichzeitig sehr moderne Formen politischer Intervention praktizieren kann, hat Michel Foucault schon in den siebziger Jahren auf überzeugende Weise demonstriert.[110]

Alles in allem, so können wir unsere kritische Rekapitulation zusammenfassen, erscheint Bourdieus Œuvre durchgängig von einem Widerstreit zwischen modernistischen (aufklärerischen, emanzipatorischen, universalistischen) Elementen auf der einen und postmodernistischen (vernunftkritischen, pluralistischen, kontingenztheoretischen, agonistischen) Denkelementen auf der anderen Seite geprägt. Dabei ist es weder erforderlich noch wünschenswert, diesen Widerstreit zugunsten einer der beiden Seiten aufzulösen. Vielmehr gilt es, die Möglichkeit einer vernunftkritischen, sich über sich selbst aufklärenden Aufklärung auszuloten, welche plurale Formen politischer Intervention und Emanzipation ermöglicht, ohne die agonistische Grundverfassung der sozialen Welt stillzustellen oder die Kontingenz derselben in einer Rhetorik der Universalität aufzuheben.

Ob es Bourdieu gelingen wird, eine kritische soziologische Theorie mit dem Anspruch nicht auf universelle, transhistorische Gültigkeit, aber auf universelle Gegenstandserfassung überzeugend zu begründen, wird nicht allein von der forschungspraktischen Weiterentwicklung der in dieser Einführung herausgearbeiteten Theoriekomponenten, sondern auch davon abhängen, ob Bourdieu sich den in seinem Werk angelegten Widersprüchen stellen und die aus der soziologischen Selbstkritik der Vernunft resultierenden Paradoxien produktiv entfalten kann.

Anhang

Anmerkungen

1 P. Bourdieu, Sociologie de l'Algérie, 2. erw. Aufl., Paris 1961; ders., Travail et travailleurs en Algérie (zus. mit A. Darbel, J.P. Rivet und C. Seibel), Paris-La Haye 1963; ders., Le déracinement. La crise de l'agriculture traditionelle en Algérie (zus. mit A. Sayad), Paris 1964.

2 Siehe auch P. Bourdieu, L'amour de l'art. Les musées d'art européens et leur public (zus. mit A. Darbel und D. Schnapper), 2. erw. Aufl., Paris 1969 .

3 Vgl. für andere: D. Groh, Pierre Bourdieus »allgemeine Wissenschaft der Ökonomie praktischer Handlungen«, in: ders., Anthropologische Dimensionen der Geschichte, Frankfurt/M. 1992.

4 Vgl. E. Liebau/S. Müller-Rolli (Hg.), Lebensstil und Lernform. Zur Kultursoziologie Pierre Bourdieus, in: Neue Sammlung, H. 3, 25. Jg., 1985, S. 272-418.

5 Vgl. exemplarisch J. Jurt, Die Theorie des literarischen Feldes. Zu den literatursoziologischen Arbeiten Bourdieus und seiner Schule, in: Romanistische Zeitschrift für Literaturgeschichte, 5. Jg., 1981, S. 454-479.

6 Vgl. G. Gamm, Flucht aus der Kategorie: die Positivierung des Unbestimmten als Ausgang der Moderne, Frankfurt/M. 1994 (Kapitel VII.).

7 Eine werkgeschichtliche Einführung zu Bourdieu bietet: D. Robbins, The Work of Pierre Bourdieu. Recognizing society, Boulder/ San Francisco 1991, der freilich, ganz in unserem Sinne, gegen Ende seiner Darstellung bemerkt: »I have traced the ›evolution‹ of Bourdieu's thinking, but I have sometimes had the sensation that I have been interpreting the manifestations of a corpus of thinking which was preformed from the start.« (S. 177) Vgl. unter diesem Aspekt auch die konzise Einführung von M.Schmeiser, Pierre Bourdieu – Von der Sozio-Ethnologie Algeriens zur Ethno-Soziologie der französischen Gegenwartsgesellschaft. Eine bio-bibliographische Einführung, in: Ästhetik und Kommunikation, H. 61/62, 1986, S. 167-183.

8 Gemeint ist die normativistische Wendung, die seine Soziologie der Intellektuellen etwa seit Mitte der achtziger Jahre erfahren hat und die aus meiner Sicht einen gewissen Bruch innerhalb seines Gesamtansatzes markiert. (Siehe hierzu Kapitel 6)

9 J. Habermas, Die Neue Unübersichtlichkeit, Frankfurt/M. 1985, S. 137.

10 N. Luhmann, Soziale Systeme. Grundriß einer allgemeinen Theorie, Frankfurt/M. 1984, S. 9. Dort findet sich auch die im folgenden verwendete Unterscheidung zwischen *Universalitätsanspruch* und *Ausschließlichkeitsanspruch*.

11 M. Proust, In Swanns Welt, Frankfurt/M. 1981, S. 29; vgl. auch SoSi 255.

12 So läßt sich, um ein Beispiel aus der neueren Sekundärliteratur zu nehmen, D. Robbins, The Work of Pierre Bourdieu, a. a. O., einem ansonsten lesenswerten Buch, zu folgenden, systematisch nicht begründeten – weil nicht begründbaren – Etikettierungen hinreißen: »Bourdieu is a humanist existentialist [...]. Historically and personally, he is an organicist.« (S. 172) Auch die eher politischen Einschätzungen: »a traditionalist«, »a radical conservative«, »a ›modernist‹ rather than a ›post-modernist‹« (S. 173), sind sachlich kaum fundiert.

13 Vgl. die Beiträge in: W. Lepenies (Hg.), Geschichte der Soziologie. Studien zur kognitiven, sozialen und historischen Identität einer Disziplin, Frankfurt/M. 1981, Bd. 3, S. 329 ff.

14 Vgl. hierzu, bezogen auf das Beispiel Deutschland-Frankreich, die grundlegenden Ausführungen bei P. Bourdieu, Les conditions sociales de la circulation internationale des idées, in: Romanistische Zeitschrift für Literaturgeschichte, 14. Jg., 1990, S. 1-10.

15 Eine kritische Bestandsaufnahme der deutschen Bourdieu-Rezeption bis 1992 habe ich versucht in der Einleitung zu: M. Schwingel, Analytik der Kämpfe. Macht und Herrschaft in der Soziologie Bourdieus, Hamburg 1993. Zur anglo-amerikanischen Rezeption Bourdieus und den Risiken der Zirkulation intellektueller Produkte von Europa über den Atlantik vgl. die Bemerkungen von L.J.D. Wacquant, in: Rep 14-16.

16 In exakt diesem Punkt unterscheidet sich der soziologische Ansatz Bourdieus von allen philosophisch-hermeneutischen Herangehensweisen an Texte, selbst wenn es sich um eine alle Prämissen der bisherigen Philosophie so radikal dekonstruierende Philosophie der Dif-

ferenz wie diejenige von Jacques Derrida handelt. Auch für Derrida (Grammatologie, Frankfurt/M. 1974, S. 274) gilt: »Ein Text-Äußeres gibt es nicht.« Demgegenüber interessiert sich der Soziologe Bourdieu für das Wechselverhältnis von Texten und den gesellschaftlichen Bedingungen der Textproduktion und, allgemeiner, der Produktion kultureller Güter. Der Unterschied zwischen soziologischer und philosophischer Herangehensweise kann im einzelnen an den verschiedenen Heideggerinterpretationen von Bourdieu und Derrida nachvollzogen werden. (Siehe hierzu, neben ihren einschlägigen Buchpublikationen, den kurzen Schlagabtausch, der anläßlich der sog. Heidegger-Kontroverse zwischen Bourdieu und Derrida stattgefunden hat und der dokumentiert ist bei J. Altwegg, Die Heidegger-Kontroverse, Frankfurt/M. 1988, S. 155-165.)

17 Vgl. zu dieser Problematik auch: L. Raphael, Forschungskonzepte für eine »reflexive Soziologie«. Anmerkungen zum Denk- und Arbeitsstil Pierre Bourdieus, in: S. Müller-Doohm (Hg.), Jenseits der Utopie. Theoriekritik der Gegenwart, Frankfurt/M. 1991, S. 236-266.

18 Eine Analyse des für die Erklärung der institutionellen Herausbildung der Soziologie bedeutsamen Wechselspiels zwischen außerwissenschaftlichen und innerwissenschaftlichen Faktoren und Kräfteverhältnissen findet sich bei M. Pollak, Gesellschaft und Soziologie in Frankreich, Königstein/Ts. 1978, auf dessen Darstellung ich mich im folgenden, unter Vernachlässigung dieses Wechselspiels und mit Fokussierung auf die innerwissenschaftlichen Verhältnisse, weitgehend stütze. Es handelt sich bei Pollaks Buch übrigens um eine Studie, die im Umkreis von Bourdieu entstanden und dessen Denkansatz in mancher Hinsicht verpflichtet ist.

19 In der Tat kann keineswegs grundsätzlich ausgeschlossen werden, daß »Philosophen« nicht bisweilen doch die besseren »Soziologen« sind. So hat etwa der (philosophischer Standesinteressen unverdächtige) Soziologe und Ethnologe Claude Lévi-Strauss (Das Ende des Totemismus, Frankfurt/M. 1965) keinem anderen als Bergson bescheinigt, vom soziologischen Phänomen des Totemismus mehr begriffen zu haben als der Soziologe Durkheim.

20 Vgl. E. Durkheim, Die elementaren Formen des religiösen Lebens, Frankfurt/M. 1981; ders./M. Mauss, Über einige primitive Formen von Klassifikation, in: E. Durkheim, Schriften zur Soziologie der Erkenntnis, Frankfurt/M. 1987, S. 169-256.

21 Vgl. vor allem M. Foucault, Wahnsinn und Gesellschaft, Frankfurt/M. 1973; ders., Überwachen und Strafen. Die Geburt des Gefängnisses, Frankfurt/M. 1976; ders., Sexualität und Wahrheit, Bd.1: Der Wille zum Wissen, Frankfurt/M. 1977.

22 Siehe Anmerkung 16.

23 Wie wir noch sehen werden, schließt alles dies keineswegs aus, daß es zwischen dem Soziologen Bourdieu und den Philosophen Foucault und Derrida sowohl politische Gemeinsamkeiten (siehe Kapitel 6) als auch sachliche Konvergenzen auf anderen Ebenen (siehe Kapitel 7) gibt.

24 Biographisch interessant ist in diesem Zusammenhang, daß Bourdieu, ebenfalls Absolvent der École normale supérieure, nach eigenem Bekunden in jungen Jahren selbst die dort kultivierte allgemeine Geringschätzung der Soziologie (im Verhältnis zur Philosophie) geteilt hat. (Vgl. RuA 20)

25 Vor diesem Hintergrund muß Foucaults häufiger Rückgriff auf eigene historisch-empirische Forschungen als besonders raffinierte Strategie erscheinen, versucht er doch damit, den methodischen Anspruch auf Wissenschaftlichkeit mit dem Prestige der Philosophie in seiner Person zu vereinigen (so zumindest der Vorwurf Bourdieus, in: SuG 70).

26 Als Sammlung von klassischen Aufsätzen aus dieser Zeitschrift vgl. M. Bloch, F. Braudel, L. Febvre u. a., Schrift und Materie der Geschichte. Vorschläge zur systematischen Aneignung historischer Prozesse, Frankfurt/M. 1977.

27 M. Pollak, Gesellschaft und Soziologie in Frankreich, a. a. O., S. 85.

28 Vgl. P. Burke, Offene Geschichte. Die Schule der »Annales«, Berlin 1991, S. 83 f.

29 Vgl. etwa G. Bachelard, Die Bildung des wissenschaftlichen Geistes, Frankfurt/M. 1978; G. Canguilhem, Wissenschaftsgeschichte und Epistemologie, Frankfurt/M. 1979; M. Foucault, Die Ordnung der Dinge, Frankfurt/M. 1971.

30 Grundlegend hierzu: W. Lepenies, Die drei Kulturen. Soziologie zwischen Literatur und Wissenschaft, Reinbek 1988.

31 M. Pollak, Gesellschaft und Soziologie in Frankreich, a. a. O., S. 63.

32 Diese müssen nicht unbedingt, wie die oben zitierten, kritisch sein, sondern sie können, je nach Kontext, durchaus affirmative Gestalt annehmen. So äußert sich Bourdieu in einem neueren Text (Rep 102) dahin gehend, daß er gerade in Zeiten, in denen Marx der allgemei-

nen Verachtung anheimfällt und zum Sündenbock gemacht wird, gerne auf Marx-Zitate zurückgreift.

33 Vgl. R. Aron, Deutsche Soziologie der Gegenwart, Stuttgart 1969 (frz. Ausg. erstmals 1935).

34 Genauer zu untersuchen wäre noch der schwer zu präzisierende Einfluß, den Raymond Aron (1905-1983) – Soziologe und Publizist, meist als »konservativ« apostrophierter Widerpart Sartres und Bourdieus Vorgänger als Direktor des Centre de sociologie européenne – auf letzteren gehabt hat. Vgl. die, allerdings spärlichen, Hinweise bei D. Robbins, The Work of Pierre Bourdieu, a. a. O., S. 10 und S. 70.

35 Vgl. M. Foucault, Der Gebrauch der Lüste, Frankfurt/M. 1986; ders., Die Sorge um sich, Frankfurt/M. 1986.

36 Zum englischsprachigen Diskussionsraum und den dortigen intellektuellen Frontstellungen bezüglich der (prinzipiell) gleichen Grundsatzfragen vgl. R.J. Bernstein, Restrukturierung der Gesellschaftstheorie, Frankfurt/M. 1979.

37 Beispielsweise scheint mir der Strukturalismus von Lévi-Strauss nicht so durchgängig und eindeutig objektivistisch zu sein, wie er von Bourdieu dargestellt wird – vor allem dann, wenn man Lévi-Strauss' spätere (Re-)Interpretation seines Frühwerkes in Rechnung stellt, derzufolge es ihm nicht um eine Rekonstruktion dessen gegangen sei, was die Menschen *tun*, sondern dessen, was sie *denken* zu tun. (Vgl. C. Lévi-Strauss/D. Eribon, Das Nahe und das Ferne. Eine Autobiographie in Gesprächen, Frankfurt/M. 1989, S. 151 und 181) Auch von Sartre, um den zweiten Autor zu nennen, mit dem sich Bourdieu bei der Herausarbeitung seiner Synthese primär auseinandersetzt, gibt es (von Bourdieu selbst zitierte) Formulierungen, mit denen er seine mitunter extrem subjektivistische Position abschwächt. (Vgl. TdP 174)

38 Diese Intention teilt Bourdieu übrigens mit anderen Vertretern der neueren Soziologie und Gesellschaftstheorie, beispielsweise, um nur die prominentesten zu nennen, mit Anthony Giddens und Jürgen Habermas. Allerdings divergieren die drei Autoren in der konkreten theoretischen Umsetzung dieser Intention beträchtlich. (Vgl. A. Giddens, Die Konstitution der Gesellschaft, Frankfurt/M./New York 1988; J. Habermas, Theorie des kommunikativen Handelns, Frankfurt/M. 1981; ders., Vorstudien und Ergänzungen zur Theorie des kommunikativen Handelns, Frankfurt/M. 1984, bes. S. 11 ff.)

39 Das Buch *Sozialer Sinn* stellt eine, abgesehen von dem aufschlußreichen, biographisch gefärbten Vorwort, inhaltlich nicht viel Neues bietende Überarbeitung des *Entwurfs einer Theorie der Praxis* dar.

40 Vgl. E. Durkheim, Die Regeln der soziologischen Methode, Frankfurt/M. 1984.

41 Vor allem in seinen frühen Schriften benutzt Bourdieu »Habitus« und »Ethos« bisweilen synonym. Doch sollte man um der begrifflichen Klarheit willen – und Bourdieu legt dies an einigen Stellen nahe (vgl. FU 736; SF 126 f.) – das Ethos als denjenigen Aspekt des Habitus betrachten, der sich auf die ethischen Beurteilungsschemata des Dispositionssystems, im Unterschied sowohl zu den ästhetischen Beurteilungsschemata wie zu den soziologischen Klassifikationsschemata, bezieht. Legt man diese differenzierte Begriffsverwendung zugrunde, erscheint es voreilig zu behaupten, Bourdieu verfüge »über keine *Soziologie der Moral*« (H.-P. Müller, Sozialstruktur und Lebensstile, Frankfurt/M. 1992, S. 300, Anm.). Letztere ist, theoretisch gesehen, Bestandteil der Habitustheorie, auch wenn sie in Bourdieus empirischen Analysen bislang tatsächlich von untergeordneter Bedeutung geblieben ist. Zu Bourdieus politischem Projekt einer gesellschaftlichen Institutionalisierung der Moral siehe: RP 239 ff. und unten, Kapitel 6.

42 Vgl. M. Mauss, Die Techniken des Körpers, in: ders., Soziologie und Anthropologie, Bd. 2, Frankfurt/M. u. a. 1978, S. 199 ff.

43 Zur problematischen Trennung der Disziplinen Soziologie, Sozialpsychologie und Psychologie vgl. SF 28 f.

44 Vgl. unter vielen: G. Pfeffer, Das fehlende Positive. Sozialdeterministische Aspekte bei Bourdieu und ihr möglicher »Aufklärungswert«, in: Neue Sammlung, 25. Jg., 1985, S. 279-297.

45 Methodisch zeigt sich dies z. B. in den *Feinen Unterschieden* an der Ergänzung der statistischen Tabellen, die gleichsam den quantitativen Niederschlag der objektivierenden Vogelperspektive darstellen, durch das reichhaltige, nichtstandardisierte Einzelinterviewmaterial, in dem die individuelle Froschperspektive der Probanden zum Ausdruck kommt.

46 Vgl. aber: A.V. Cicourel, Habitusaspekte im Entwicklungs- und Erwachsenenalter, in: G. Gebauer/Ch. Wulf (Hg.), Praxis und Ästhetik. Neue Perspektiven im Denken Pierre Bourdieus, Frankfurt/M. 1993, S. 148 ff.

47 Dies hat Bourdieu verschiedentlich den Vorwurf eingebracht, er sei den bestehenden gesellschaftlichen Verhältnissen unkritisch (»konservativ«) verhaftet. Vgl. für andere: K. Eder, Einleitung, in: ders. (Hg.), Klassenlage, Lebensstil und kulturelle Praxis. Theoretische und empirische Beiträge zur Auseinandersetzung mit Pierre Bourdieus Klassentheorie, Frankfurt/M. 1989, S. 9.

48 Zur Unterscheidung zwischen regulativen und konstitutiven Regeln (auf die sich Bourdieu meines Wissens nirgends bezieht) siehe: J.R. Searle, Sprechakte, Frankfurt/M. 1971, S. 54 ff. Bourdieu selbst (vgl. SoSi 74) greift bei seiner Diskussion des Regelbegriffs zurück auf: L. Wittgenstein, Philosophische Untersuchungen, Frankfurt/M. 1971. Vgl. zu diesem Problemkomplex auch: J. Bouveresse, Was ist eine Regel?, in: G. Gebauer/Ch. Wulf (Hg.), Praxis und Ästhetik, a. a. O., S. 41-56.

49 Bourdieu führt den Strategiebegriff im Zusammenhang seiner Kritik an Lévi-Strauss ein, dem er eine problematische, weil mehrdeutige Verwendung des Regelbegriffs vorhält. Bei Lévi-Strauss bleibt unklar, ob der Regelbegriff sich (ausschließlich) auf vom Theoretiker im nachhinein rekonstruierte *Regelhaftigkeiten* bezieht oder auf Regeln, welche realiter die Praxis der Akteure determinieren. Deshalb plädiert Bourdieu bezüglich der Genese von Praktiken für die theoretische Ersetzung des Regelbegriffs durch den Strategiebegriff. (Vgl.z. B. RuA 79-98) Zur Einschätzung des Verhältnisses von »Regel« und »Strategie« durch Lévi-Strauss vgl. ders./ D. Eribon, Das Nahe und das Ferne, a. a. O., S. 151.

50 Zu den differenzierungstheoretischen Implikationen der Feldtheorie siehe den Schluß dieses Kapitels.

51 Zu diesem Argument vgl. A. Giddens, Die Konstitution der Gesellschaft, a. a. O., S. 222 ff.

52 Vgl. hierzu K. Polanyi, The Great Transformation. Politische und ökonomische Ursprünge von Gesellschaften und Wirtschaftssystemen, Wien 1977.

53 Zu Bourdieus Kulturbegriff, der in einem umfassenden, ethnologischen (also von den bildungsbürgerlich-aristokratischen Konnotationen gereinigten) Sinne gemeint ist, siehe bes. FU 17, 171.

54 Vgl. M. Mauss, Entwurf einer allgemeinen Theorie der Magie, in: ders., Soziologie und Anthropologie, Bd. 1, a. a. O., S. 43 ff.

55 Siehe hierzu im einzelnen M. Schwingel, Analytik der Kämpfe, a. a. O.

56 Vgl. exemplarisch J. Elster, Subversion der Rationalität, Frankfurt/M./New York 1987.
57 Siehe diesbezüglich das oben (Kapitel 3) zum Habitus Ausgeführte.
58 Siehe Anmerkung 49.
59 Diese Annahme hat Bourdieu den Vorwurf eingebracht, er vertrete einen utilitaristischen Ansatz. Vgl. A. Honneth, Die zerrissene Welt der symbolischen Formen. Zum kultursoziologischen Werk Pierre Bourdieus, in: Kölner Zeitschrift für Soziologie und Sozialpsychologie, 36. Jg., 1984, S. 147-164.
60 Die besten Anknüpfungspunkte für eine entwicklungssoziologische Erweiterung von Bourdieus Feldtheorie, vor allem bezüglich kultur- und machtsoziologischer Fragestellungen, bietet nach meiner Einschätzung die Zivilisationstheorie, wie sie von Norbert Elias grundgelegt wurde.
61 Zur Situierung des Bourdieuschen Ansatzes innerhalb dieses Kontextes vgl. H.-P. Müller, Sozialstruktur und Lebensstile, a. a. O.
62 Vgl. K. Marx/F. Engels, Manifest der Kommunistischen Partei, in: dies., Ausgewählte Schriften in zwei Bänden, Bd. 1., 27. Aufl., Berlin 1980 , S. 17-57, hier S. 27.
63 Vgl. M. Weber, Wirtschaft und Gesellschaft, 5. Aufl., Tübingen 1972, S. 179 f.
64 Vgl. E. Cassirer, Substanzbegriff und Funktionsbegriff, Darmstadt 1990.
65 Damit soll nicht gesagt sein, daß die Theorie zuerst fertig da war und ihr dann das empirische Material angepaßt wurde (obwohl die Theorie selbstverständlich den logischen Vorrang hat). Wir trennen hier und im folgenden nur zu Darstellungszwecken.
66 Dieses den Sozialraum visuell repräsentierende Diagramm ist zwar nicht ganz unabhängig von der statistischen Auswertung der Daten, es gibt diese jedoch nicht direkt wieder (FU 214, Anm.), sondern stellt vielmehr eine Art Ad-hoc-Konstruktion dar. Es muß mithin als – stark vereinfachendes – graphisches Schema des empirisch bestätigten Theoriemodells verstanden werden. Zum Zwecke der Veranschaulichung erscheint der Rückgriff auf ein solches Schema (das wir hier wiederum nur unvollständig wiedergeben können) gerechtfertigt. (Vgl. auch die Kurzfassung des Schemas in: RP 21)
67 In neueren Arbeiten zieht Bourdieu es vor, statt von der *herrschenden Klasse* (wegen der in diesem Begriff noch implizierten Gefahr, sich darunter substantialistisch eine konkrete und geschlossene

Gruppe vorzustellen) vom *Feld der Macht* und den in diesem angelegten Macht*strukturen* zu sprechen. (Vgl. NE 374 ff.)

68 Den Lesern, die in derartigen Unterscheidungen und den dabei verwendeten Adjektiven Werturteile oder -präferenzen Bourdieus entdecken wollen, entgegnet dieser (z. B. SuG 31; Rep 60) – mit Verweis auf Max Webers Unterscheidung von *Werturteil* und *Wertbeziehung* –, daß hier lediglich objektiv bestehende gesellschaftliche Wertrelationen wiedergegeben werden.

69 Vgl. Th. Veblen, Theorie der feinen Leute, Frankfurt/M. 1986.

70 Vgl. M. Weber, Wirtschaft und Gesellschaft, a. a. O., S. 537.

71 Grundlegend hierzu: P. Bourdieu, Die politische Repräsentation, in: Berliner Journal für Soziologie, 1. Jg., 1991, S. 489-515.

72 Zu Bourdieus Einschätzung Sartres siehe auch P. Bourdieu, Die Erfindung des totalen Intellektuellen, in: Romanistische Zeitschrift für Literaturgeschichte, 5. Jg., 1981, S. 385-391.

73 K. Mannheim, Ideologie und Utopie, 7. Aufl., Frankfurt/M. 1985, S. 135.

74 Als knappe Einführung in diese Thematik siehe P. Bourdieu, Die historische Genese einer reinen Ästhetik, in: G. Gebauer/Ch. Wulf (Hg.), Praxis und Ästhetik, a. a. O., S. 14-32.

75 Hierzu zählen nicht nur Philosophen im engeren Sinne, sondern auch aufgeklärte Juristen, Schriftsteller, Mathematiker, Ärzte usw.

76 Zur neueren Diskussion siehe die Beiträge in: M. Meyer (Hg.), Intellektuellendämmerung? Beiträge zur neuesten Zeit des Geistes, München/Wien 1992.

77 Vgl. etwa J.-P. Sartre, Plädoyer für die Intellektuellen, in: ders., Mai '68 und die Folgen. Reden, Interviews, Aufsätze, Bd. 2, Reinbek 1975, S. 9-64.

78 Vgl. M. Foucault, Dispositive der Macht. Über Sexualität, Wissen und Wahrheit, Berlin 1978, S. 44 ff.

79 Gemeint ist der von Bourdieu und Foucault zusammen mit anderen Künstlern und Wissenschaftlern im Dezember 1981 an die französische sozialistische Regierung gerichtete Appell, zum gerade erfolgten Militärputsch in Polen kritisch Stellung zu beziehen und, anstatt ihn aufgrund von Parteiinteressen zu einer inneren Angelegenheit Polens abzustempeln, die Solidarität mit dem polnischen Volk zu bekunden. Der Text der Erklärung und der Kontext der Debatten, die sie ausgelöst hat, ist dokumentiert bei: J. Semprun, Yves Montand. Das Leben geht weiter, Frankfurt/M. 1984, S. 242 ff.

80 Bourdieu verwendet im Französischen den deutschen Terminus »Realpolitik«, um zu markieren, daß es sich dabei nicht um eine irreale Utopie, sondern um ein konkretes und realisierbares politisches Programm handelt. Freilich bleibt dann unerklärlich, inwiefern Bourdieus Argumentation tatsächlich eine, wie er sagt, »philosophische« (IuM 51) Begründung der Realpolitik der Vernunft darstellen, ja warum eine solche überhaupt notwendig sein soll.

81 Nicht alle politischen Aktionen Bourdieus (siehe das in Anmerkung 79 genannte Beispiel) fügen sich nahtlos in dieses Projekt und damit in seine eigene Definition des Intellektuellen.

82 *Le Monde* (Paris), *The Times Literary Supplement* (London), *Frankfurter Allgemeine Zeitung, L'indice* (Rom), *El Pais* (Madrid).

83 Vgl. P. Bourdieu, Liber continue, in: Actes de la recherche en sciences sociales, Nr. 89, 1991. Seitdem, d.h. von der 7. Nummer an, wird die französische Ausgabe von *Liber* als Beilage der *Actes de la recherche en sciences sociales* publiziert. Eine deutsche Ausgabe erscheint wieder seit September 1993 in Form eines eigenständigen Heftes.

84 Vgl. Die Zeit, Nr. 46, 12.11.1993, S.63.

85 Ein Beispiel für eine derartige, über die Verteidigung der intellektuellen Autonomie hinausreichende politische Intervention stellt auch die Beratertätigkeit dar, die Bourdieu seit Anfang der achtziger Jahre für die sozialistisch-basisdemokratisch orientierte Gewerkschaft C.F.D.T. (Confédération française démocratique du travail) ausübt. (Vgl. MdM 127 ff.)

86 Da es hier nicht darum gehen kann, in die Debatten über den möglichen Sinn oder Unsinn dieses Begriffes einzusteigen, nehmen wir ihn als soziale Tatsache hin, d.h. als Sammelbezeichnung für verschiedene Thesen und Theoreme – Ende der Metaerzählungen, Heterogenität und Inkommensurabilität der Diskursarten (Lyotard), Pluralität (Welsch), Logozentrismuskritik (Derrida), historische Vernunftkritik (Foucault), Kontingenz und Ambivalenz (Rorty, Bauman) u.a.m. –, die sich als »postmodern« charakterisieren lassen und von denen wir hier einige zu Bourdieus Ansatz in Beziehung setzen wollen. »Modernismus« und »Postmodernismus« sind dabei als zwei Denkweisen oder Geisteshaltungen zu verstehen, die auf grundsätzlich verschiedenen – und in mancher Hinsicht unvereinbaren – Prämissen beruhen.

87 Vgl. J.-F. Lyotard, Das postmoderne Wissen. Ein Bericht, Graz/Wien 1986, bes. S. 96 ff.

88 Vgl. J. Habermas, Die Moderne – ein unvollendetes Projekt, in: ders., Kleine Politische Schriften (I-IV), Frankfurt/M. 1981, S. 444-464.

89 Vgl. in diesem Zusammenhang auch die zwar etwas anders gelagerte, aber dennoch die gleiche Grundidee zum Ausdruck bringende Differenzierung von »wissenschaftlichem Wissen« und »narrativem Wissen« bei J.-F.Lyotard, Das postmoderne Wissen, a. a. O., S. 63 ff.

90 Anders verhält es sich bei bestimmten Paradigmen der antiken »Aufklärung«, beispielsweise, wie gegen Ende des vorangegangenen Kapitels angedeutet, bei der sokratischen Mäeutik, die Aufklärung praktiziert, ohne damit universelle Erkenntnis- oder Moralansprüche zu verbinden.

91 Vgl. auch RuA 125, wo von der »logozentrischen Entstellung« die Rede ist, die mit der objektivistischen Haltung zum Erkenntnisgegenstand (hier: zu überlieferten Mythen) verbunden ist.

92 Vgl. J. Derrida, Grammatologie, a. a. O. Derridas Programm lautet: »Dekonstruktion aller Bedeutungen, deren Ursprung in der Bedeutung des Logos liegt« (S. 23); »Dekonstruktion des transzendentalen Signifikats« (S. 85). Und: »Wir haben den Logozentrismus und die Metaphysik der Präsenz als den gebieterischen, mächtigen, systematischen und nicht unterdrückbaren Wunsch nach einem solchen [transzendentalen] Signifikat identifiziert.« (Ebenda)

93 Vgl. M. Foucault, Überwachen und Strafen, a. a. O.: »Die ›Aufklärung‹, welche die Freiheiten entdeckt hat, hat auch die Disziplinen erfunden.« (S. 285) »Die ›Disziplin‹ [...] ist ein Typ von Macht; eine Modalität der Ausübung von Gewalt; ein Komplex von Instrumenten, Techniken, Prozeduren, Einsatzebenen, Zielscheiben; sie ist eine ›Physik‹ oder eine ›Anatomie‹ der Macht, eine Technologie.« (S. 276 f.)

94 Vgl. J.-F. Lyotard, Das postmoderne Wissen, a. a. O., S. 115 ff.

95 Zur friedlichen Koexistenz verschiedener Wahrheitsformen in einer Gesellschaft, ja innerhalb ein und derselben Person, siehe auch das schöne Buch von P. Veyne, Glaubten die Griechen an ihre Mythen? Ein Versuch über die konstitutive Einbildungskraft, Frankfurt/M. 1987.

96 J. Derrida, Grammatologie, a. a. O., S. 12.

97 Vgl. hierzu, im Anschluß an Lyotard: W. Welsch, Unsere postmoderne Moderne, 3. Aufl., Weinheim 1991.

98 Deshalb spricht auch Welsch konsequenterweise nicht von »Postmoderne«, sondern von der »postmodernen Moderne«.

99 Vgl. Z. Bauman, Moderne und Ambivalenz. Das Ende der Eindeutigkeit, Hamburg 1992, S. 283 f.

100 Für Bauman ist das postmoderne Stadium der Moderne u. a. durch ein Bewußtsein der Kontingenz gekennzeichnet, das von den modernen Sozialwissenschaften, obwohl sie vom genauen Gegenteil zu sprechen glaubten, hervorgebracht worden ist. Vgl. auch R. Rorty, Kontingenz, Ironie und Solidarität, Frankfurt/M. 1989.

101 Siehe hierzu M. Schwingel, Analytik der Kämpfe, a. a. O.

102 J.F. Lyotard, Der Widerstreit, 2. Aufl., München 1989, hier: S. 11; vgl. auch: ders., Das postmoderne Wissen, a. a. O., S. 40 f. Über diesem offensichtlichen Berührungspunkt sollte man aber die tiefliegende Differenz zwischen Bourdieu und Lyotard nicht übersehen. Aus soziologischer Sicht leidet nämlich Lyotards Philosophie (und darin geht sie völlig konform mit der ihres großen konsenstheoretischen Gegenspielers Jürgen Habermas) an einer sprachphilosophischen Engführung. Obwohl in früheren Schriften noch mit Vorbehalt versehen (vgl. Das postmoderne Wissen, a. a. O., S. 56), wird im philosophischen Hauptwerk Lyotards die Sprache zum alleinigen Paradigma des Sozialen. Die Agonistik wird auf die Ebene der Sprache und Sprachspiele begrenzt, und gesellschaftliche Konflikte können nur als Widerstreit von Diskursarten (um die Verkettung von Sätzen) begriffen werden. Nicht soziale Konflikte und konfligierende gesellschaftliche Praktiken, sondern »Krieg der Diskursarten« und »Bürgerkrieg der ›Sprache‹ mit sich selbst« (Der Widerstreit, a.a.O., S. 262 und S. 234) heißt das Thema Lyotards. Dennoch – auch für die Soziologie – beachtenswert die philosophische Maxime Lyotards, die da lautet: »Den Widerstreit bezeugen« (ebenda., S. 12).

103 Vgl. auch M. Foucault, Überwachen und Strafen, a. a. O., S. 38: » als Modell die immerwährende Schlacht zugrunde gelegt«.

104 Vgl. U. Beck, Risikogesellschaft. Auf dem Weg in eine andere Moderne, Frankfurt/M. 1986.

105 Vgl. G. Schulze, Die Erlebnisgesellschaft, 3. Aufl., Frankfurt/M./ New York 1994.

106 Vgl. J. Baudrillard, Der symbolische Tausch und der Tod, München 1982.

107 So auch die erkenntnistheoretische Konsequenz aus der Wissenssoziologie von Karl Mannheim, Ideologie und Utopie, a. a. O., bes. S. 245 ff.

108 M. Foucault, Dispositive der Macht, a. a. O., S. 51.
109 Vgl. J.-F. Lyotard, Grabmal des Intellektuellen, Graz/Wien 1985, S. 9-19.
110 Vgl. M. Foucault, Dispositive der Macht, a. a. O., S. 44 ff.

Literaturhinweise

1. Werke von Bourdieu (und Mitarbeitern)

a) Im Text zitierte Bücher und separat erschienene Aufsätze, Artikel und Interviews (alphabetisch nach Kürzeln)

AaE: Antworten auf einige Einwände, in: K. Eder (Hg.), Klassenlage, Lebensstil und kulturelle Praxis. Theoretische und empirische Beiträge zur Auseinandersetzung mit Pierre Bourdieus Klassentheorie, Frankfurt/M. 1989, S. 395-410.

FU: Die feinen Unterschiede. Kritik der gesellschaftlichen Urteilskraft, Frankfurt/M. 1982.

Hoac: Homo academicus, Frankfurt/M. 1988.

IdCh: Die Illusion der Chancengleichheit, Stuttgart 1971 (in Zusammenarbeit mit J.C. Passeron).

IK: Eine illegitime Kunst. Die sozialen Gebrauchsweisen der Photographie, Frankfurt/M. 1981 (in Zusammenarbeit mit L. Boltanski/R. Castel/J.C. Chamboredon/G. Lagneau/D. Schnapper).

IuM: Die Intellektuellen und die Macht, Hamburg 1991.

LE: Libre-Échange, Paris 1994 (in Zusammenarbeit mit Hans Haacke).

MdM: Die verborgenen Mechanismen der Macht, Hamburg 1992.

Mis: La misère du monde, Paris 1993.

NE: La noblesse d'État, Paris 1989.

PO: Die politische Ontologie Martin Heideggers, Frankfurt/M. 1976.

Rda: Les règles de l'art, Paris 1992.

Rep: Réponses. Pour une anthropologie réflexive, Paris 1992 (in Zusammenarbeit mit L.J.D. Wacquant).

RP: Raisons Pratiques. Sur la théorie de l'action, Paris 1994.

RuA: Rede und Antwort, Frankfurt/M. 1992.

SaB: Soziologie als Beruf. Wissenschaftstheoretische Voraussetzungen soziologischer Erkenntnis, Berlin/New York 1991 (in Zusammenarbeit mit J.C. Chamboredon/J.C. Passeron).

SdsF: Zur Soziologie der symbolischen Formen, Frankfurt/M. 1970.
SF: Soziologische Fragen, Frankfurt/M. 1993.
SoSi: Sozialer Sinn. Kritik der theoretischen Vernunft, Frankfurt/M. 1987.
SRuK: Sozialer Raum und »Klassen«. Leçon sur la leçon. Zwei Vorlesungen, Frankfurt/M. 1985.
SuG: Satz und Gegensatz. Über die Verantwortung des Intellektuellen, Berlin 1989.
SuP: Soziologie und Philosophie in Frankreich seit 1945: Tod und Wiederauferstehung einer Philosophie ohne Subjekt, in: W. Lepenies (Hg.), Geschichte der Soziologie, Bd. 3., Frankfurt/M. 1981, S. 496-551 (in Zusammenarbeit mit J.C. Passeron).
TdP: Entwurf einer Theorie der Praxis auf der ethnologischen Grundlage der kabylischen Gesellschaft, Frankfurt/M. 1976.
TsG: Grundlagen einer Theorie der symbolischen Gewalt, Frankfurt/M. 1973 (in Zusammenarbeit mit J.C. Passeron).
TuS: Titel und Stelle. Über die Reproduktion sozialer Macht, Frankfurt/M. 1981 (in Zusammenarbeit mit L. Boltanski/M. de Saint Martin/P. Maldidier).
ÜsA: Über die »scholastische Ansicht«, in: G. Gebauer/Ch. Wulf (Hg.), Praxis und Ästhetik. Neue Perspektiven im Denken Pierre Bourdieus, Frankfurt/M. 1993, S. 341-356.
VhE: »Vernunft ist eine historische Errungenschaft, wie die Sozialversicherung«. Bernd Schwibs im Gespräch mit Pierre Bourdieu, in: Neue Sammlung, 25. Jg., 1985, S. 376-394.
WhS: Was heißt Sprechen? Die Ökonomie des sprachlichen Tausches, Wien 1990.

b) Weitere Texte Bourdieus (in Auswahl)

Die Erfindung des totalen Intellektuellen, in: Romanistische Zeitschrift für Literaturgeschichte, 5. Jg., 1981, S. 385-391.
Die historische Genese einer reinen Ästhetik, in: G. Gebauer/Ch. Wulf (Hg.), Praxis und Ästhetik. Neue Perspektiven im Denken Pierre Bourdieus, Frankfurt/M. 1993, S. 14-32.
Die politische Repräsentation, in: Berliner Journal für Soziologie, 1. Jg., 1991, S. 489-515.
L'amour de l'art. Les musées d'art européens et leur public, 2. erw. Aufl., Paris 1969 (in Zusammenarbeit mit A. Darbel/D. Schnapper).

Le déracinement. La crise de l'agriculture traditionelle en Algérie, Paris 1964 (in Zusammenarbeit mit A. Sayad).
Les conditions sociales de la circulation internationale des idées, in: Romanistische Zeitschrift für Literaturgeschichte, 14. Jg., 1990, S. 1-10.
Sociologie de l'Algérie, 2. erw. Aufl., Paris 1961.
Travail et travailleurs en Algérie, Paris-La Haye 1963 (in Zusammenarbeit mit A. Darbel/J.P. Rivet/C. Seibel).

2. Literatur über Bourdieu

a) Monographien und Sammelbände (Auswahl)

A. Accardo, Initiation à la sociologie de l'illusionnisme social, Bordeaux 1983.
C. Calhoun/E. LiPuma/M. Postone (Hg.), Bourdieu. Critical Perspectives, Cambridge 1993.
K. Eder (Hg.), Klassenlage, Lebensstil und kulturelle Praxis. Theoretische und empirische Beiträge zur Auseinandersetzung mit Pierre Bourdieus Klassentheorie, Frankfurt/M. 1989.
G. Gebauer/Ch. Wulf (Hg.), Praxis und Ästhetik. Neue Perspektiven im Denken Pierre Bourdieus, Frankfurt/M. 1993.
E. Liebau, Gesellschaftliches Subjekt und Erziehung. Zur pädagogischen Bedeutung der Sozialisationstheorien von Pierre Bourdieu und Ulrich Oevermann, Weinheim/München 1987.
E. Liebau/S. Müller-Rolli (Hg.), Lebensstil und Lernform. Zur Kultursoziologie Pierre Bourdieus, in: Neue Sammlung, 25. Jg., H. 3, 1985.
I. Mörth/G. Fröhlich (Hg.), Das symbolische Kapital der Lebensstile. Zur Kultursoziologie der Moderne nach Pierre Bourdieu, Frankfurt/M./New York 1994. (Mit ausführlicher Bibliographie der Primärliteratur)
H.-P. Müller, Sozialstruktur und Lebensstile. Der neuere theoretische Diskurs über soziale Ungleichheit, Frankfurt/M. 1992.
D. Robbins, The Work of Pierre Bourdieu. Recognizing Society, Boulder/San Francisco 1991.
M. Schwingel, Analytik der Kämpfe. Macht und Herrschaft in der Soziologie Bourdieus, Hamburg 1993.

b) Einzelne Aufsätze (Auswahl):

L. Fischer/K. Jarchow, Die soziale Logik der Felder und das Feld der Literatur, in: Sprache im technischen Zeitalter, 25. Jg., 1987, S. 164-172.

D. Groh, Pierre Bourdieus »allgemeine Wissenschaft der Ökonomie praktischer Handlungen«, in: ders., Anthropologische Dimensionen der Geschichte, Frankfurt/M. 1992.

A. Honneth, Die zerrissene Welt der symbolischen Formen. Zum kultursoziologischen Werk Pierre Bourdieus, in: Kölner Zeitschrift für Soziologie und Sozialpsychologie, 36. Jg., 1984, S. 147-164.

J. Jurt, Die Theorie des literarischen Feldes. Zu den literatursoziologischen Arbeiten Bourdieus und seiner Schule, in: Romanistische Zeitschrift für Literaturgeschichte, 5. Jg., 1981, S. 454-479.

B. Krais, Bildung als Kapital. Neue Perspektiven für die Analyse der Sozialstruktur?, in: R. Kreckel (Hg.), Soziale Ungleichheiten. Soziale Welt, Sonderband 2, Göttingen 1983, S. 199-220.

H.-P. Müller, Kultur, Geschmack und Distinktion. Grundzüge der Kultursoziologie P. Bourdieus, in: F. Neidhardt/M.R. Lepsius/J. Weiß (Hg.), Kultur und Gesellschaft. Sonderheft der Kölner Zeitschrift für Soziologie und Sozialpsychologie, Opladen 1986, S. 162-190.

L .Raphael, Die Ökonomie der Praxisformen. Anmerkungen zu zentralen Kategorien Pierre Bourdieus, in: Prokla, 17. Jg., H. 68, 1987, S. 152-171.

Ders., Forschungskonzepte für eine »reflexive Soziologie«. Anmerkungen zum Denk- und Arbeitsstil Pierre Bourdieus, in: S. Müller-Doohm (Hg.), Jenseits der Utopie. Theoriekritik der Gegenwart, Frankfurt/M. 1991, S. 236-266.

M. Schmeiser, Pierre Bourdieu – Von der Sozio-Ethnologie Algeriens zur Ethno-Soziologie der französischen Gegenwartsgesellschaft. Eine bio-bibliographische Einführung, in: Ästhetik und Kommunikation, 16. Jg., H. 61/62, 1986, S. 167-183.

J.B. Thompson, Symbolic Violence, Language and Power in the Writings of P. Bourdieu, in: ders. (Hg.), Studies in the Theory of Ideology, Cambridge 1984, S. 42-72.

Zeittafel

1930	Pierre Bourdieu wird am 1.8.1930 in Denguin (Béarn) geboren.
1954	Agrégation in Philosophie nach dem Studium an der Faculté des Lettres und der École Normale Supérieure in Paris.
1955-57	Philosophielehrer am Lycée de Moulins.
1958-60	Assistent an der Faculté des Lettres in Algier.
1960-62	Lehrtätigkeit an der Sorbonne und Beginn der Forschungstätigkeit am Centre de Sociologie Européenne (directeur: R. Aron) der École Pratique des Hautes Études (EPHE).
1962-64	Maitre de conférences an der Faculté des Lettres, Lille.
1964	Directeur d'études an der EPHE.
1967	Gründung des Centre de Sociologie de l'Éducation et de la Culture an der EPHE.
1968	Directeur d'études des Centre de Sociologie Européenne an der EPHE.
1975	Herausgeber der von ihm gegründeten Zeitschrift *Actes de la recherche en sciences sociales.*
1981	Beginn einer Beratertätigkeit bei der Gewerkschaft C.F.D.T.
1982	Berufung ans Collège de France.
1985	Federführung bei den auf Ersuchen von Präsident Mitterrand von den Professoren des Collège de France verfaßten »Vorschlägen für das Bildungswesen der Zukunft«.
1989	Gründung der Kulturzeitschrift *Liber. Revue européenne des livres.*
1993	Mitinitiator des internationalen Schriftstellerparlaments (Straßburg).
1993	*Medaille d'or* des Centre National de la Recherche Scientifique für Bourdieus »Gesamtwerk, das seinen Beitrag zur internationalen Wirkung der französischen Soziologie leistet«.

Markus Schwingel, geb. 1962, Studium der Soziologie, Philosophie, Entwicklungspsychologie an den Universitäten Saarbrücken und Frankfurt/M. 1992 Promotion mit einer Arbeit über die Machttheorie Bourdieus. Zur Zeit Lehrbeauftragter an der Universität des Saarlandes. Hauptarbeitsgebiete: Gesellschaftstheorie, Kultursoziologie, Konflikttheorie, Macht- und Herrschaftssoziologie, Modernisierungs- und Zivilisationstheorie, Wissenssoziologie.